Richard Henczynski

Das Leben des heiligen Alexis

Richard Henczynski

Das Leben des heiligen Alexis

ISBN/EAN: 9783743636521

Hergestellt in Europa, USA, Kanada, Australien, Japan

Cover: Foto ©Lupo / pixelio.de

Weitere Bücher finden Sie auf **www.hansebooks.com**

ACTA GERMANICA.

ORGAN FÜR DEUTSCHE PHILOLOGIE

HERAUSGEGEBEN

VON

RUDOLF HENNING.

Band VI, Heft 1.

Das Leben des heiligen Alexius von Konrad von Würzburg.

Von

Richard Henczynski.

Berlin.

Mayer & Müller.

1898.

Das Leben des heiligen Alexius

von

Konrad von Würzburg.

Von

Richard Henczynski.

Berlin.
Mayer & Müller.
1898.

Vorwort.

Die folgende Arbeit, deren beide erste Teile zugleich als Strassburger Dissertation erschienen sind, verdankt ihre Entstehung der Güte des Herrn Prof. Martin. der mir eine von ihm gefundene wertvolle Handschrift freundlichst überliess. Durch ihn, sowie durch Herrn Prof. Henning und Herrn Dr. Joseph wurde mir bei der Ausführung der Arbeit die mannigfachste Unterstützung zu teil, wofür ich auch an dieser Stelle meinen Dank mir auszusprechen gestatte. Nicht unerwähnt darf ich das freundliche Entgegenkommen lassen, welches ich bei der Benutzung der Handschriften fand. Besonders halte ich es für meine Pflicht, die liebenswürdige Aufnahme durch Herrn Pater Beichtiger Wissmann in Sarnen dankbar zu erwähnen.

Strassburg, im Juli 1898.

I. Einleitung.

Das Gedicht des Konrad von Würzburg über das Leben des heiligen Alexius wurde zum ersten Male 1782 von J. J. Oberlin in seiner Diatribe de Courado Herbipolita vulgo meister Kuonze von Würzburg Saeculi XIII Phonasco Germanico § V 1 teilweise veröffentlicht und zwar auf S. 33—35 V. 1—176 unseres Gedichtes, auf S. 10, 11 V. 376—383, V. 1084—1087, V. 1388—1412.[1] Auch in dem von ihm vollendeten und herausgegebenen Werke: Joh. Georgii Scherzii, Glossarium germanicum medii aevi potissimum dialecti Suevicae, Argentorati 1781—84 druckte Oberlin eine Reihe von Versen und Wörtern ab. Ihm stand eine Handschrift zur Verfügung, welche Eigentum der in Strassburg befindlichen Johanniterbibliothek war, die aber in den Stürmen der französischen Revolution verloren ging.

Eine vollständige Ausgabe mit ausführlicher Einleitung und Varianten veranstaltete H. F. Massmann in seinem Werke: Sanct Alexius Leben in acht gereimten mittelhochdeutschen Behandlungen nebst geschichtlicher Einleitung, sowie deutschen, griechischen und lateinischen Anhängen. Quedlinburg und Leipzig, 1843. Der Text, sowie der kritische Apparat sind mit Vorsicht zu gebrauchen, da ersterer an grammatischen Fehlern und unhaltbaren Konjekturen reich ist, letzterer bisweilen Falsches enthält. Massmann konnte ausser den durch Oberlin erhaltenen Stellen der Strassburger Handschrift noch eine Innsbrucker Handschrift benutzen.

---

[1] Schon Wolff in seiner Ausgabe der Halbe Bir LXXXV Anm. macht darauf aufmerksam, dass eine Anzahl unvollständiger Exemplare dieser Diatr. verbreitet sind, welche mit S. 32 schliessen.

Auf Grund desselben Quellenmaterials, doch ohne die Innsbrucker Handschrift vor Augen zu haben, bot dann schliesslich 1843 Haupt in seiner Zeitschrift Bd. 3, S. 534—576 eine sorgfältige kritische Ausgabe, der in Bd. 4, S. 400 einige Verbesserungen durch ihn und Lachmann folgten.

Seitdem sind zwei neue Handschriften gefunden worden. Die eine ist Eigentum des Frauenklosters St. Andreas zu Sarnen in der Schweiz. Ihre Varianten vom Haupt'schen Text veröffentlichte auf Grund der Angaben des Alois Lütolf, damaligen Kuratpriesters in Luzern, Pfeiffer in seiner Germania XII 41—48.

Den wertvollsten Fund aber bedeutet die von Martin in der Zeitschrift für deutsches Altertum XL S. 220 ff. angezeigte Abschrift der alten Strassburger Handschrift.

Betrachten wir nunmehr das uns vorliegende Quellenmaterial und beginnen wir mit der wichtigsten Handschrift, der zuletzt gefundenen, die wir im folgenden A nennen wollen.

A

stammt aus dem Nachlasse des vor kurzem in Paris verstorbenen Architekten Émile Reiber und gehört gegenwärtig der Strassburger Stadtbibliothek an unter der Nummer 835 und dem Titel: „Gedicht von dem Spittale von Jerusalem". Sie ist auf Papier in Quart von einer Hand des vorigen Jahrhunderts geschrieben. Ihr Inhalt ist folgender:

1. f. 2. Von dem Spittale von Jerusalem daz houbt ist der bruoder Johansens Ordens — Aus der Johanniter Bibliothek A 100, 101—112.
2. f. 29—53 b (zur Hälfte). Alexius.
3. f. 53 b—54 a (zur Hälfte). Von schaden tegelicher sünden.
4. f. 55—120. Gregorius in dem steine.

Davon ist das 1. Stück in einer vorjährigen Strassburger Dissertation von A. Küster publiziert worden. Das 3. Stück bietet nur einige Prosazeilen und das letzte enthält einen Text des Hartmann'schen Gregorius in verhältnismässig guter Schreibung, aber mit weniger ursprünglichen Lesarten.

Schon äusserlich erhält man den Eindruck, dass A von einem durchaus gewissenhaften und sorgfältigen Schreiber herrühre. Die Schrift ist völlig gleichmässig und vor allem äusserst deutlich; ein Buchstabe, der etwa Zweifel erregen könnte, ist durchstrichen und in klarer Schrift darüber wiederholt. Im einzelnen die Zuverlässigkeit der Abschrift wenigstens teilweise prüfen zu können, ermöglichen uns die von Oberlin aus der alten Handschrift aufgezeichneten Stellen.

Ein Vergleich ergab ein für Oberlin und A durchaus günstiges Resultat. Es finden sich nämlich nur folgende Unterschiede:

In A: Auslassung eines auslautenden n in *lebe* 18, *erde* 149, was eine alemannische Eigentümlichkeit ist, die Oberlin vielleicht getilgt hat.

Auslassung eines m in *vngelipf* 769.

eines r in *ewelter* 143.

etzwas statt *etzwer* 31, wobei aber kein unbedingt sicherer Entscheid zwischen Oberlin und A zu treffen ist.

Für *mahte* bei Oberlin hat A 975 *mohte*, für *herter* 1026 *harter*.

Alles andere sind nur unwesentliche Unterschiede in der Schreibart. So hat Oberlin *r*, wo sich in A *u* findet: *wunder* 54, *getruwes* 69, *kunst* 134, *genuht* 156, aber ebenso häufig das Umgekehrte: *hrs* 548, *svs* 547, *vngelimpf* 693, *drvz* 975. *vi* bei Oberlin ist in A stets durch *v* oder *û* wiedergegeben, *f* durch *v*, *ui* durch *u*: *tusz* 20. *gespulet* 1217, *ui* durch *ve*: *gespvelten* 688, *ve* durch *v*: *getvsche* 226, *iv* oder *iu* durch *v*: *trvren* 376, *dv* 378, *zu* durch *zuo* 1399, *rnd* stets durch *rnn*, *i* durch *ie*: *liebeste* 80, *begiengen* 692, *ie* durch *i*: *vrisel* 392.

Das *s* in *das*, *swas*, *was* ist in A stets *z*. Zu *das* bemerkt Oberlin, dass es in der Hdsch. gewöhnlich zu *dc* abgekürzt ist. 693 hat O *grossen* A *grozen*. In *sit* 2 und *kint* 692 hat O *d*, in *underbint* 364 *t*. Statt *m* hat O doppeltes *m himmel* 842. Für *geaht* bei Oberlin hat A *gedacht* 1400. *davon* 16. 42, *darin* 1087, *iedoch* 100, *alhie* 140 schreibt Oberlin getrennt.

Andererseits finden sich bei Oberlin einige leichte Versehen: *als* statt *Dis* 157, *tugenden* statt *tugende* 158, *bejaget* statt *bejages* 176 (augenscheinlich ein Druckfehler, da es unter dem Subst. bejac aufgeführt ist), *dvrnehtic* statt *durchnehtic* 242, *in* statt *im* 693, *minen* statt *miner* 974, *wil* statt *vil* 1215, *han* statt *hant* 1388, *hant* statt *han* 1390, *war* statt *wart* 1392.

Die Unterschiede von A und O sind also so geringfügig, dass wir A, wo nicht besondere Gründe vorliegen, unbedenklich als getreue Wiedergabe der verlorenen Handschrift ansehen können.

Die Vorlage von A

ist eine elsässische Handschrift aus dem Anfang des 14. Jh.[1] Das zeigen die vom gewöhnlichen Mittelhochdeutsch abweichenden Schreib- und Sprachformen.

I. Im Konsonantismus.

1. *ph* und *pf* wird in gleicher Bedeutung für denselben harten Reibelaut gebraucht (Weinhold, Alemannische Grammatik § 157). 769 *ungeli(m)pf*, 770 *schimpf*, 693 *vngelimpf*, 694 *schimph*.

2. Doppeltes inlautendes *m* für einfaches *m*, zum grossen Teil nur nach Kürzen l. c. § 167 (1321 *namen*): 1322 *lammen*.

3. Schwanken zwischen auslautendem *m* und *n*, an dem vorzugsweise das Alemanische beteiligt ist, Mhd. Gr.[2] § 216. 193 *gadem*. — 714 *dem* statt *den* und 664 *den* statt *dem* werden Schreibfehler sein.

4. Die im alem. beliebte Doppelung von *t* nach Kürzen. Das Nichtvorkommen solcher Doppelung nach Längen beweist, dass die Handschrift vor dem 15. Jh. entstanden sein muss. l. c. § 172.

---

[1] cfr. A. Küster, Von dem Spitâle von Jêrusalêm, Strassburg. Dissertation 1897.

Wir finden Reime wie *treten* : *betten*, bald *gotte* : *gebotte*, bald *gotes* : *gebotes*, bald *vatter*, bald *vater* u. s. w. 86 ist das eine *t* in *gottes* durchstrichen.

5. Abfall eines auslautenden *t*, wenn dasselbe einem anderen Konsonanten verbunden ist. 615 *teilhaf* : 616 *erbeschaf*. 1. c. § 177.

6. Antritt von unechtem *t*, besonders an die Pluralflexionen des Zeitwortes. 1. c. § 178.

7. Die namentlich im Elsässischen durchgeführten Erweichungen von *t* zu *d*. § 179. 303 *deil*, 1371 *drungen*.

8. Das auslautende *d*, das im 14. und 15. Jh. für *t* stark durchbricht. § 183.

9. Die Schreibung *dc* für *daz*. § 188.

10. Die alemannische Neigung des *r* in *l* überzugehen, sowohl in- wie auslautend. § 194. 452 *kilche*, 651, 925, 1238 *martellichen*, 1037 *martelliche*, 1171 *uzzelwelle*, 1241 *purpul*.

11. Der Ausfall des *r* in *werlt*. § 197. 1043 *welte* und Abfall des *r* oder Tonloswerden desselben am Wortende in der Bildung und Biegung -*er*, 1136 *darunde*.

12. Die Einschiebung von *n*, eine Nasalierung, welche die Schreiber des 14. Jh. genauer andeuten. § 201. 411, 669, 747 *wéninc* und Verbalflexionen.

13. Die im Alem. beliebte Ausstossung von auslautendem *n*, bes. in einsilbigen Worten und im Infinitiv. § 202. 307 *de*, 86 *wäre*, 354 *linde*, 375 *rehte*, 535 *guote*, 930 *reine*, 988 *mūeze*, 1091 *unmaze*, 1295 *herze*, 1308 *gienge*.

14. Ausstoss von inlautendem *n*. § 200. 848 *offelichen*, 881 *giegen*.

15. *nn* statt *n*. § 204. 1116 *svnn*.

16. Der Abfall der auslautenden Tenuis *c*. § 210. 1311 *mani*, 520 *enpfien*, besonders am ersten Teil von Zusammensetzungen. 280 *riuwelichen*.

17. Auslautendes *g* statt *c*, das sich besonders in elsässischen Schriften des 14. Jh. findet. § 213. 633 *pflig*, 743 *lvg* : 744 *gezvg*, 908 *manicvaltig*, 950 *dvrhluchtig*.

18. *g* als Bildungskonsonant an Stelle von *j*, was allerdings bloss graphische Bedeutung hat. § 215. 215 *glregende*, 216 *blregende*, 891 *Honorge*.

19. Abfall von auslautendem *ch* am ersten Teil von Zusammensetzungen. § 226. 752 *buostaben*.

20. *h* als blosses Trennungszeichen zwischen Vokalen. § 232. 1210 *spihelen*.

21. Verfeinerung von *ch* zu *h*. § 235. 33 *durhnechtecliche*, 46 *durh*, 178 *hohgezit*, 1356 *gewahet*.

22. Auch Spuren des erst in der 2. Hälfte des 14. Jh. herrschend werdenden *ch* für *h* in Verbindungen, namentlich mit *t*. 147 *angesicht*, 1098 *mochte*.

23. Die im Alem. ungemein beliebte nasalierte Form *-ent*. Da diese im 15. Jh. schon *-int* lautete, haben wir einen weiteren Beweis für die frühe Entstehungszeit unserer Handschrift. § 342.

24. Unechter Endvokal in der 2. sg. imp. starker Zeitwörter. § 349. 110 *laze*.

25. Indem A stets *swer*, *swaz*, *swen* schreibt, zeigt es, dass es im Anfang des 14. Jh. entstanden ist. Weinh. Mhd. Gr. § 496.

II. Im Vokalismus.

1. Das Sträuben der alemannischen Mundart gegen den Umlaut. § 10. 349 *clagenlichen*.

2. *æ* als Bezeichnung des Brechungs *ë*. 1200 *mærkent*.

3. *e* für *ü*. § 17. 711, 874 *verwar*.

4. Ausstossung und Abwerfung von *e*. § 18. 410 *wins*, 81 *zit*, 82 *milteclich*, 611 *alleweg*, 1236 *schoen*.

5. Unterdrückung des *e* in *be-*. § 18. 51, 181 *bleip*, 239, 249, 525 *bliben* und häufige Elision bei *ge-*, 1112 *gliche*.

6. Das durch die offene Aussprache von *ü* entstehende unechte *i*. § 22. § 115. 906 *wirde*, 1060 *wirdest*, 1063 *antwirte*.

Tausch zwischen *i* und *u* (unechter Umlaut). 296, 904 *wirden*, 1346 *wirde*.

7. Der irrationale Laut *i* in Vor-, Bildungs- und Biegungssilben. § 23. § 115. 1207 *swerin*, 1246 *owi*, 912, 1373 *bisunder*, 1320 *irloeset*.

8. Die bes. im Elässischen starke Neigung *o* für *a* zu setzen. § 25. § 116. 375, 865 *worheit*, 438 *noch*, 1029 *hore*, stets *do*.

9. *o* für *e*. § 26. 25 *vromde*.

10. *ö* für *e*. § 117. 479 *froemede*.

11. Der Umlaut des *o*, *ö* dringt in der Schreibung nur sehr allmählich durch. § 27. 167 *schone* : 168 *crone*, 256, 837, 1034 *schonen*.

12. Das irrationale *u* in Suffixen. § 30. 377 *turtultube*.

13. Die sehr mannigfachen Schriftzeichen für das umgelautete *u*. § 31.

14. *e* für *ei*. § 36. 238 *beden*, 270, 636 *en*.

15. *y* für langes und kurzes *i*. § 40. 577 *massenye*, 1326 *sy*.

16. *ô* statt *uo*, das nach dem 14. Jh. nicht mehr vorkommt. § 41. 270 *stont*.

17. Verengung von *ou* zu *ô*, die sich im Alem. am umfänglichsten vollzieht. § 42. 437, 625, 985 *schowen*, 438 *vrowen*, 1074 *gehowen*, 1108 *vrowe*.

18. *ie* für *i*. § 63. 756 *bie*, 84 *drie*.

19. *oi* seit dem 14. Jh. neben *ô*, *oi*, *owi* beliebt. § 69.

20. *i* für *ie*. § 90 u. § 40 b. 27 *entslizen*.

21. *a* für *o*. § 112. 1069 *erlast*.

Der unbestimmte Vokal der Endungen durch *a* bezeichnet. § 112. 793 *obenan*.

22. *e* für *a*. § 114. 110 *der unbe*.

23. Unechtes *u* für *o*. § 118. 1358 *wuche*.

24. *w* und *uu* für *wu* hat wohl nur graphische Bedeutung. § 163. 142 *wnsch*, 166 *wnsche*, 490 *wnnebere*, 575 *wnnenclichen*, 920, 1374 *wnder*. Ebenso wohl auch *wr* für *wür*. 526 *wrde*, 1370 *wrze*.

25. Seit dem 14. Jh. verschwindet die gedehnte Form — *are*. § 255. 1 *schepfer*, 468, 497 *glockener*, 888 *burgern*.

26. Im Conj. ist das nicht umgelautete *mohte* alemannisch noch sehr häufig. § 378. 140 *mohte*.

27. Sg. Nom. Fem. *die* statt *diu*. § 418.

28. *stênt* Nebenform für *stânt*. § 332. 1110.

Wenn auch bei einem grossen Teile der aufgeführten alemannischen Eigentümlichkeiten nicht sicher zu erkennen ist, ob sie nicht dem in Basel schreibenden K. eigentümlich sind, von dem feststeht, dass er dialektische Formen nicht unbedingt vermieden hat, so können doch einige mit Bestimmtheit dem Schreiber zugewiesen werden. So *gadem* statt *gaden*, cfr. Anm. zu 193, *sagenne* statt *sagende*, da es auf *tragende* reimt, *Honorge* statt *Honorje*, da es auf *historje* reimt, *bleip* statt *beleiben*, cfr. Anm. zu 51, *gliche* statt *geliche*, cfr. Haupt zu Eug. 209, *hore* statt *hare*, da es mit *clare* reimt, *vrom* statt *rrum*, da es auf *Alexium* reimt.

Zur völligen Charakterisierung von A mögen noch die Abweichungen und Eigentümlichkeiten folgen, welche keinen speziell alemannischen Charakter an sich tragen oder als Schreibfehler anzusehen sind. 124 *voren* statt *rromen*, 769 *ungelipf* statt *ungelimpf*, 401 *swarer* statt *swaren*, 552 *werder* statt *werden*, 584 *hoher* statt *hohen* und vielleicht 117 *inneclicher* statt *inneclichen*, 257 *Laudantia* statt *Laudatia*.

s für *d* in *vrisel* und *segen*.

Der *f* Laut nur einige Male vor *r* und *v* und in *fin* mit *f* bezeichnet, sonst stets durch *v*.

Ein scharfer Unterschied zwischen *z* und *s* ist nicht gezogen. Denn obwohl die 3. p. Sg. praet. vom Hülfszeitwort stets *waz* geschrieben ist, steht *was* im Reime mit *palas* 80, das doch seinerseits ebenfalls an anderer Stelle *palaz* geschrieben ist. Mit Ausnahme von 57 steht für *ze* stets die volle Form *zuo*.

Wenn sich 938 *sein* statt *sin* findet, so dürfte dies dem letzten Schreiber zufallen, da die Diphthonguierung dem Elsässischen fremd ist. Weinh. Alem. Gr. § 131.

Alle sonstigen Einzelheiten werden sich in den Varianten angemerkt finden.

J.

Die Innsbrucker Handschrift wurde zuerst erwähnt in Mone's Anzeiger Bd. 8 (1839) S. 217. Sie gehört gegenwärtig dem Ferdinandeum in Innsbruck unter dem Bibliothekszeichen 16. 0. 2 an. Sie ist in folio, in zwei starken Holzdeckeln gebunden, Papier, und enthält auf der Innenseite des ersten Deckels die Aufschrift: Buch der Togni 1425 (= Apokalypse). Sie ist in 2 Spalten geschrieben, die Verse sind nicht abgesetzt; doch die Anfangsbuchstaben der Verse sind in grossen Lettern und rot durchstrichen. Dies ist aber sehr unregelmässig und häufig ganz verkehrt geschehen. Bisweilen z. B. sind die ersten Buchstaben in der Zeile rot durchstrichen, ohne dass der Vers mit der Zeile beginnt. Es kommt sogar vor, dass ein mitten im Wort stehender Buchstabe rot durchstrichen wird, wenn er die Zeile beginnt. Absätze sind nicht gemacht. Die Handschrift enthält 238 Blätter; auf S. 228—238 steht der Alexius. Er ist augenscheinlich später angeheftet, aber, so weit ich sehen konnte, von derselben Hand geschrieben, wie das übrige.

Den übrigen Inhalt der Handschrift gebe ich nach den Ueberschriften an:

1. Buch der Togni. 48 c Von der Würde des heiligen Sakramentes. 50 a Von der Entstehung des edlen Sakramentes. 51 d Warum sich Gott selbst opferte. 54 b Von den Zeichen und Wundern des Sakramentes. 55 c Von der Kraft des heiligen Blutes Jesu Christi. 58 a Von der Vorbereitung zum heiligen Abendmahl. 60 c Wie und wann du das heilige Sakrament empfangen sollst. 64 d Von dem Nutzen des Sakramentes. 66 a Hier fängt eine andere Materie an von dem Sakrament, die der elfte Alte nicht in seiner Lehre einbegriffen hat und erzählt von den 6 Namen, die das Sakrament hat. 83 d Hier beginnt wieder die Lehre der 24 Alten. Der 12. lehrt von unser Frauen Leben. — Diese Ueberschrift

bricht am Ende einer Seite plötzlich ab, so dass ein oder mehrere Blätter zu fehlen scheinen. — 85 c Von Maria Geburt und ihrem Namen. 88 b Von Maria heiligem Leben im Tempel. 91 c Die 7 Gebete unserer lieben Frauen. 92 b Von Maria Vermählung und ihrer Empfängnis. 98 c Vom Mitleid unsrer Frau mit ihrem Sohn. 102 c Von ihrer Freude über die Auferstehung. 104 d Von ihrem heiligen Leben nach ihres Sohnes Himmelfahrt. 115 b—116 d Was die 24 Alten lehren und ihre Aussprüche. 226 a b führt er die Lehrer und Meister an, welche ihm bei diesem Werk behülflich waren. Es folgen dann persönliche Bemerkungen über die anstrengende Arbeit.

Die ganze Handschrift schliesst mit folgenden Sätzen, wobei ich die von Massmann vielfach verlesenen und missverstandenen Abkürzungen gleich auflöse:

finitus est iste liber per me fratrem Johannem ritter ordinis minorum (sc. fratrum) terminarius in Winterthur et conventualis Schaffhusiensis anno domini MCCCCXXV feria quarta ante oculi etc.

Et mementote mei pure propter deum Amen etc.

Die Handschrift ist also beschlossen worden am 7. März 1425.

Der gütigen Vermittelung des Herrn Direktor der Strassburger Universitäts- und Landesbibliothek Geheimrat Barack verdanke ich es, dass mir die Benutzung der Handschrift zu Strassburg möglich war.

Einer ausführlichen Darlegung der Eigentümlichkeiten dieser Handschrift bedarf es nicht, da Abfassungszeit und Ort bekannt sind. Ich gebe daher im folgenden nur kurz die Haupterscheinungen an, da ich den Variantenapparat nicht ungebührlich vergrössern wollte.

Es findet sich statt e ō, ā, statt ei ai, statt uo ü, statt ou ö, statt iu ü. Auslautendes e ist abgefallen oder ist, wie es scheint, bei g durch einen verlängernden Strich bezeichnet. Für f steht ff, für t tt, für auslautendes c g, für p b und das umgekehrte, für t d, für z ss, cz und s, für s sch, für h ch und das umgekehrte, für r l. Auch Metathesis des r kommt vor. *n* bez. *m* ist in *en, em, on, an, un* durch einen Strich über dem Vokal bezeichnet, in *en* bisweilen *e* durch dasselbe Zeichen über *n*. Für *-er* wird die Abkürzung ⟩ gebraucht. Es findet sich ferner für *daz dz*, für *was wz*, für *mi nrn*, für *swer wer*, für *wären waromd*, für *si sig*, für *niht nmt*, für *hæten hettint*, für *manic menger*, für auslautendes *-et -ot*, für *kiusch kinsch*, für *siufzen sänfzen*.

S.

Die Sarner Handschrift, welche ich dank der Empfehlung des Herrn Geheimrat Barack und der Liebenswürdigkeit des Herrn Pater Beichtiger Wissmann an Ort und Stelle einsehen konnte, ist ebenfalls in folio. Auf dem Rücken des Einbandes trägt sie die Zahl 240, auf dem oberen Deckel die Aufschrift Sarner Msc. No. 2. Auf der Innenseite des ersten Deckels finden sich folgende Angaben: „Eigentum des löbl. Frauenklosters St. Andreas in Sarnen, bis 1615 in Engelberg. 273 Blätter, ferner 3 unfoliierte Blätter am Ende: Bruchstück aus der Pilatuslegende. Auf dem hinteren Deckel aufgeklebt: Do har nach geschriben ist von dem füsdritten die cristus dett in sinem liden von eim zum andrē. 17. j. 1888 P. B. G." Letztere Buchstaben bedeuten Pater Beichtiger Gotthold.

Augenblicklich befindet sich S mit allen übrigen handschriftlichen Schätzen des Frauenklosters der Feuersicherheit wegen wiederum in Engelberg.

Die Handschrift rührt nach den Angaben des Alois Lütolf, welche Pfeiffer in der Germania XII 41 publiziert hat, von Heinrich Kramer, Lehrmeister in Zürich, her und ist im Jahre 1478 geschrieben worden. Woher diese Mitteilung stammt, habe ich leider nicht ermitteln können. S besteht aus drei, besonders foliierten Teilen, die aber alle von derselben Hand herzurühren scheinen. Der Schreiber hat sich bei der Foliierung mehreremale versehen; die richtigen, durch die ganze Handschrift durchgehenden Zahlen werde ich daher in arabischen Ziffern daneben setzen. Im übrigen ist sie ganz wie J

angelegt, spaltenweise, Anfangsbuchstaben gross und rot durch-
strichen, Verse nicht abgesetzt.

Sie enthält in der ersten Abteilung LVII (58) — LXII
(63) c die Legende von sant Allexius. Ihr sonstiger Inhalt ist
folgender: I Heilige drei Könige. XV c Bedeutung der Messe.
XVIII b dasselbe von einem Stück zum andern. XXI c Leben
der zwölf Apostel und Johannes des Täufers. XLVII (49) c
Maria Magdalena. LIIII (55) a Sant Martha. LV (56) d
Marina. LVII (58) c Allexius. LXII (63) c Sant Katrina.
LXVI (67) b Sant Barbara. LXVII (68) b Sant Ottilia.
LXVII (69) d Sant Josen. LXXII (73) a Sant Cristoffel.
LXXIIII (75) a Sant Fridlinus. LXXVIIII (79) b Sant Steffen.
LXXVIIII (79) d Von Weihnachten. LXXXI (81) Episteln
und Evangelien.

Die beiden übrigen Teile enthalten ebenfalls noch zahl-
reiche Heiligengeschichten.

Eine ausführliche Auseinandersetzung der Sprache und
Schrift von S ist noch weniger nötig, wie bei J, da der
Charakter unsrer Handschrift genügend aus den umfangreichen
Einschüben, die ich wörtlich übernommen habe, zu erkennen
sein wird.

Ich führe daher nur einige Hauptpunkte an: Auslautendes
e fehlt z. B. *rom, wird, gebott, pfleg, weg* u. s. w.

Ausstoss eines inlautenden e z. B. *megde, kemnate, sender,
geclagt, lepte* u. s. w.

Statt e erscheint ö z. B. *möntsch, frömde,* statt i 1. y z. B.
by, yemer, keyser. 2. *ie* z. B. *wieröch,* statt *uo* ü z. B. *richtům,
můt, trůg,* statt *iu* ü z. B. *lütten,* statt *ou* ö z. B. *öch, fröwen,*
statt *eu* ö z. B. *fröd, erfröwet.* Es findet sich stets *ei,* nicht
ai, wie bei J.

Was den Konsonantismus betrifft, so wird *z* wieder-
gegeben durch *s* z. B. *reines, gros* und *tz* z. B. *hertze, gantze*
und *ss* z. B. *flisse, geheissë.* Für *s* findet sich *sch* z. B. *schwach,
beschwerde, schlag,* für *sch tsch* z. B. *möntsch,* für *t tt* z. B. *gott,
nott,* für *t d* z. B. *dische, kind, sid,* für *d t* z. B. *türren,* für
l ll z. B. *pallas, allmůsen, Allexius,* für *r l* z. B. *kilche,* für b

p z. B. *porten, lepte,* für auslautendes *p b* z. B. *wib, beleib, vertreib,* für *c g* z. B. *trüg, pflag, selig,* für *h ch* z. B. *hochen, gemachel,* für *n nn* z. B. *wann.* Eingeschobenes *n* z. B. *lögnen.* Metathesis von *r* z. B. *obrest,* für *r rr* z. B. *erhörren. -er* abgekürzt durch ' z. B. *wund', d', schwang'.* *n* bezeichnet durch einen Strich über dem Vokal z. B. *warē, iarē, mā.* Voller Vokal in den Endungen z. B. *dienot, erdan, schóni.* Ferner die Formen *ira, iren, inen.* Für *daz dz,* für *was wz.*

Verhältnis der drei Handschriften.

Als höchstwahrscheinlich ist wohl anzunehmen, dass alle drei Handschriften auf eine gemeinsame Vorlage zurückgehen. Das beweisen sowohl die allen drei gemeinsamen Fehler, als auch das wiederholt sich findende völlige Auseinandergehen an denselben Stellen. Ich verweise einerseits auf die Varianten zu 107. 240. 770. 951. 1013., andererseits auf die Lesarten zu 74. 215. 239. 241. 268. 674. 764. 919. 1120.

Dass die verlorene Strassburger Handschrift, wie man leicht geneigt sein könnte anzunehmen, diese gemeinsame Vorlage nicht gewesen ist, ergeben 73. 74., die in ihrer lücken- und fehlerhaften Gestalt durch A und Oberlin gleichmässig überliefert sind. Die weitere Untersuchung nach einer Verwandtschaft zweier Handschriften unter einander ergab ein negatives Resultat. Wohl finden sich zwischen J und S vielfache Uebereinstimmungen in fehlerhaften Stellen. Doch lassen sich diese zum grössten Teil aus dem Umstande erklären, dass beide Handschriften ungefähr zur gleichen Zeit und in derselben Landschaft entstanden sind. Aber auch auf Fehler wie 57. 75. 84. 168. 171. 174. 176. 184. 204. 218. 255. 358. 386. 398. 447. 457. 493. 521. 527. 567. 571. 623. 637. 640. 686. 758. 812. 835. 880. 912. 989. 1064. 1100. 1110. 1202. 1258. 1380. konnten zwei Schreiber unabhängig von einander gelangen. Mit absoluter Bestimmtheit ist hier naturgemäss allerdings nichts zu entscheiden.

Noch weniger darf man aus den Uebereinstimmungen von A und J (806, 1010, 1357) oder A und S (606, 992, 1210) irgend welche Schlüsse ziehen.

Wollte jemand aus den J und S gemeinsamen Stellen auf ein näheres Verhältnis beider Handschriften schliessen, so könnte man ihn auf die zuletzt angeführten Verse verweisen, aus denen man mit ebenso gutem Rechte eine Verwandtschaft von A und J bz. A und S herleiten könnte.

Wir hätten es demnach, wenn unsere Annahmen richtig sind, mit drei von einander unabhängigen Quellen zu thun.

Der Wert der Handschriften ist ein durchaus verschiedener. Schon a priori kann man annehmen, dass A uns den besten Text liefert. Es ist, wie gezeigt, die getreue Wiedergabe einer bald nach der Abfassungszeit des Gedichtes entstandenen Handschrift. Es gehörte ferner A der Bibliothek des Johanniterordens an, der auch am Entstehungsorte des Alexius, in Basel, eine Niederlassung hatte. Die Schreiber von J und S dagegen haben den Text nicht nur in Sprachformen und Ausdrucksweisen ihrer Zeit umgesetzt, sondern sie haben ihn auch durch willkürliche Auslassungen und Hinzufügungen entstellt. Davon wird sich ein jeder bei Durchsicht der Varianten so leicht und schnell überzeugen, dass mir ein näheres Eingehen darauf und ein Beweis füglich erspart bleiben kann.

Haupt nennt die Innsbrucker Handschrift eine späte und sehr schlechte, Pfeiffer sagt von der Sarner, dass sie an Wert noch unter J stehe.

So versteht es sich denn von selbst, dass ich dem von Haupt bei seiner Ausgabe befolgten Prinzip treu bleibe, d. h. dass ich von A nur unter bestimmten Gründen abweiche.

Quellen.

Was die sehr verwickelte Untersuchung nach der Entstehung der Alexiuslegende und der Verwandtschaft der einzelnen Gedichte untereinander anbelangt, so verweise ich nur auf die eingehenden Erörterungen von Heinrich

Schneegans, die romanhafte Dichtung der Alexiuslegende in
Modern Language Notes No. 5 May, No. 6 June 1888. Max
Friedrich Blau, Zur Alexiuslegende, Wien, Diss. 1888. Amiaud,
La légende syriaque de s. A. in Ec. des Haut. Et. 79
fasc. 1889. (cfr. Grundriss der rom. Phil. hrsg. v. Gröber,
II. Band, 1. Abteilung, S. 443, Anm. 9.)

Für unsern Zweck genügt es festzustellen, dass K als
Vorlage die von den Bollandisten aufgenommene Legende
benutzt, welche Massmann in seiner Ausgabe unter ß S.
167—171 abdruckt, und zwar folgt ihr unser Dichter so genau,
dass man sein Werk eine poetische Uebertragung der lat.
Prosa nennen kann.   Es gehört somit unser Gedicht derjenigen
Gruppe an, welche auf die kirchliche Seite der Sage ihr
Hauptgewicht legt.   Weitere Ausführung der Gespräche,
Uebertragung indirekter Reden in direkte, Ausmalung der
Leiden des Alexius, von denen die durch die Knechte im
eigenen Hause erlittene Schmach des Heiligen besonderen
Eindruck auf K. gemacht zu haben scheint, das sind die
Hauptunterschiede unseres mittelhochdeutschen Gedichtes von
der durch die Bollandisten in den Acta Sanctorum über-
lieferten lateinischen Fassung.

In die sog. „bräutliche“ Gruppe, in der die Braut die
Hauptrolle neben Alexius spielt, führen uns die von S ge-
machten Zusätze.   Diese enthalten nämlich folgendes:

1. nach 114: Gebet der Mutter um ein Kind und Opferung
von Kinderfiguren.

2. nach 122: Geburt des Kindes, Taufe, Erziehung durch
eine Amme, die selbst sehr geehrt wird, Heranwachsen des
Alexius.

3. nach 179: Festzubereitungen, denen Alexius beiwohnt.

4. nach 220: In der Hochzeitsnacht rät Alexius seiner
Braut ewige Keuschheit an und giebt ihr Lehren, wie sie sich
äusserlich zu betragen habe, warnt sie vor den sieben Haupt-
sünden und zählt alle zehn Gebote auf, worauf dann von der
Braut die nicht unberechtigte Einwendung erfolgt: So ihr ein
Prediger sein wollt, hättet ihr mich ruhig meinem Vater und

meiner Mutter lassen sollen. Jedoch unbeirrt redet Alexius
weiter: Wie die Kerze niederbrennt, so müssen auch wir
vergehen. Folgst du aber meinem Rat, so wirst du einst
nicht dem Teufel verfallen, sondern das ewige Leben erlangen.
Diesen überzeugenden Worten verschliesst sich denn auch das
Mädchen nicht. Zum Abschied steckt sie ihm einen Ring an
den Finger.

5. nach 336: ein Gebet, in dem er Vater, Mutter, die
Braut und die ganze Christenheit Gott befiehlt.

6. nach 1290: die Braut findet an dem Leichnam des
Heiligen den von ihr geschenkten Ring. Seine Hand öffnet
sich von selbst und überlässt ihr den Ring.

In welch unglaublich nachlässiger Weise diese Hinzu-
fügungen gemacht sind, möge nur ein Beispiel zeigen. Es
stehen folgende Sätze unmittelbar hintereinander: Gott er-
freute sie, indem er ihnen ein Kind schenkte. Das war edel
und fein; denn sie hatten es von Gott selbst erbeten. Die
edle Frau ward eines Sohnes schwanger. Darüber wurden
sie sehr froh. Sie erhielten einen schönen Sohn.

Diese zusammenhangslos eingefügten Sätze sollten zu der
Annahme berechtigen, dass sie aus einem andern Gedichte
herübergenommen wären. Doch habe ich in keinem der von
Massmann abgedruckten Gedichte Anklänge an die von S
gegebenen Zusätze finden können. Ob diesen sonst eine
schriftliche Quelle zu Grunde liegt oder ob sie mündlicher
Ueberlieferung zu verdanken sind, konnte ich bei der grossen
Ausbreitung, welche die Sage gefunden hat, nicht feststellen.
Welchen tiefen Eindruck die unserm Geschmack weniger zu-
sagende Erzählung hervorzurufen im Stande war, zeigen uns
Goethe's Briefe aus der Schweiz (Münster, den 11. Nov. 1779),
wo die Legende unseres Heiligen auf Grund eines Buches
von Martin von Cochem verbreitet war.

Auch über die Entstehung einiger Aenderungen der Sage
war mir nicht möglich etwas sicheres festzustellen.

So habe ich in keinem der bei Massmann abgedruckten
Gedichte einen ähnlichen Widerspruch der Braut gegen die

Aufforderungen des Alexius erwähnt gefunden. Ebenso giebt überall Alexius der Braut den Ring, nicht umgekehrt, wie hier bei S.

Entstehungszeit des Gedichtes.

Wenden wir uns der Frage nach der Entstehungszeit des Konradischen Gedichtes zu, so hat hierzu bereits Fr. Pfeiffer, Germ. XII S. 26 die Behauptung ausgesprochen, dass es ohne Zweifel vor den Partonopier fällt und als K.'s frühstes in Basel entstandenes Gedicht zu betrachten ist. Dieses möchte ich durch folgende Erwägungen unterstützen.

Wie die Worte *tumber kneht*, mit denen sich Hartmann im Erec bezeichnet, zur Annahme einer frühen Entstehungszeit dieses Gedichtes geführt haben, berechtigt uns V. 1395 zu demselben Schluss. Der Alexius hat mit keinem andern Gedichte K.'s so viele enge Zusammenstimmungen wie mit dem Partonopier. Ich verweise auf die Anm. zu 18. 58. 64. 107. 124. 138. 148. 151. 161. 168. 176. 178. 198. 203. 255. 297. 351. 395. 477. 479. 580. 605. 752. 805. 858. 1033. 1047. 1110. 1125. 1174. 1238. 1288. Bei einem so wenig umfangreichen Gedicht, wie die Herzmähre, glaube ich, dass auch so wenige Stellen, wie ich sie zu 232. 344. 376. 393. 736. notiert habe, für eine zeitliche Nachbarschaft beweiskräftig sein könnten. Doch könnte entgegen der Ansicht von Pfeiffer, welcher die Herzmähre in die Strassburger Zeit setzt, die Erwähnung der trauernden Turteltaube in der Herzmähre und im Alexius für eine spätere Abfassungszeit des ersteren Gedichtes sprechen. Denn in der lat. Quelle zum Alexius, war K. diese Erzählung gegeben und, wenn auch bei der weiten Verbreitung dieser Sage im Mittelalter anzunehmen ist, dass sie unserm Dichter schon vorher bekannt war, so wird sie ihm doch die Alexius-Legende wieder in das Gedächtnis zurückgerufen haben.

So möchte ich denn die Vermutung aussprechen, dass die Herzmähre unmittelbar nach dem Alexius, also in Basel, und nicht in Strassburg, entstanden ist.

Die jetzt in drei Bänden vorliegende neue Ausgabe der
Urkunden aus der Stadt Basel, die Zeit bis 1300 umfassend,
welche zu erneuter eingehender Untersuchung der von K. in
seinen Werken erwähnten Namen Basler Bürger auffordert,
konnte für die Zeitbestimmung unseres Gedichtes keinen An-
haltspunkt liefern.

Heinrich Isenlin war procurator des Basler Spitals;
Johannes stammte aus Bermeswile, einem in Solothurn s. w.
Laufen liegenden und zum Kloster Beinwil gehörigen Ort.
Er wird frater genannt (III. Urk. 127). Beide waren an-
gesehen und reich begütert; ihre Besitzungen stiessen zum
Teil aneinander.

Isenlin tritt zum ersten Mal in einer Urkunde von 1265
auf, Johannes wird zuerst im Jahre 1273 erwähnt. Beide
haben K. überlebt und liefert deshalb ihre Erwähnung für
unsern Zweck kein Material.

II.

Got, schepfer über alliu dinc,
sît der wîsheit ursprinc
von dir vliuzet unde gât,
sô lâ mir dîner helfe rât
5. zuo vliezen und die sinne sleht,
daz ich geprîse dînen kneht
und ich des leben hie gesage
der alsô lûter sîne tage
in dîme dienste wart gesehen.
10. sîn lop durnehtecliche enbrehen
muoz von wâren schulden.
er hât nâch dînen hulden
geworben alsô vaste
daz in der êren glaste
15. sîn name sol erschînen.
dâ von sô lâ mir dînen
wîsen rât ze helfe komen,
sô daz sîn leben ûz genomen,
daz in latîne stât geschriben,
20. werde in tiusch von mir getriben
alsô bescheidenlichen nu
daz dâ von geprîset du

A Ueberschrift: Hie nach stat geschriben von santo Alexio waz
er leit vffen ertrich durch got vn swer daz liset vnde us lat ze herzen
gan daz mag in gebesseren groscliche an selen vnn an lip.

1—56 fehlt S. 2. sid das das d. w. J. 4. läs J. 8. alz A O. 10.
Sin lib dur lûchteklichen enpfelchen J. din A O. 13. alz A O. 14. swaz
A. swas O (Anm.: lege das). 18. so waz sin lebe A. so was sin leben
(Anm.: lege das) O. Das ich J. 20. zvo tusz A. zvo tvisz O. fehlt J.
21. alz A O. beschaidenlich J.

werden müezest und ouch er.
sîn hôher name was dâ her
25. sô vremde gnuogen liuteu.
nu wil ich iu betiuten
unde entsliezen die getât
die der vil sælden rîche hât
begangen ûf der erden,
30. durch daz gebezzert werden
müg eteswer von sîner tugent.
wan swer daz leben sîner jugent
durchnehteclîche merket,
der mac dâ von gesterket
35. an guoter sache werden hie.
der sœldenrîche lebete ie,
macht ander liute sældenhaft.
er gap in edel bischaft
und ein sô nützez bilde
40. daz in diu sünde wilde
wart von gotes lêre.
dâ von hab ich nu sêre
mînen muot geleit daran
daz ich gesage von einem man
45. der hæte gar ein heilic leben,
durch daz sîn tugent müeze geben
den liuten hôhe sælikeit,
den hie sîn leben wirt geseit

---

23. Haupt fälschlich mügest ohne Variantenangabe. 25. ze frömde
gnůg- den l. J. vromde A O. 26. vch A O. ůch J (von Haupt nicht
angegeben). 28. seldenriche A O. sáldriche J. 29. erde O A. 80. werde
A O. gebesret J. 81. mvge etzwas A. mvige etzwer O. 83. Durch
nätteklichen J. 35. fehlt J. sachen A O. 36. der selden riche lebete
ie A O. Des sáldenrichen lebu je: gebrast an dē jūglín nie J. 87. und
A O J. mahte A O. sáldeschafft J. 42. da von so hab i. n. s. A O.
43. gelet J. 44. D. i. ůch sage J. 45. D. hät g. ain sálig lebn J.
46. Dem dz sin tugēd hät gebn J. (Haupt fälschlich dz] da, hat] hôrt).
48. Den den dz l. J.

und daz lobelîche dinc,
50. wie der kiusche jungelinc
beleip der houbetsünden vrî.
swer nu sô reines muotes sî
daz er mit willen hœre sagen
daz wunder sînes lebetagen,
55. der sol mit vlîze bieten her
sîn ôren und des herzen ger.

Ze Rôme ein edel herre was
der in sîn reinez herze las
milte und ganze erbermekeit.
60. grôz wunder was ûf in geleit
rîchtuomes unde wirde.
sîn muot und al sîn girde
vor schanden lûter wâren.
er diente in sînen jâren
65. mit vlîze dem vil werden gote
und wolte gerne sîme gebote
wesen iemer undertân.
er was genant Eufêmiân
und wielt getriuwes muotes.
70. vil êren unde guotes
het er in sîner hôhen pflege.
weiz got, im dienten alle wege

---

49. loblich J. 51. bleip A O. Belaib den höbt sünden fri J. 52.
wer nvn J. Ueberschrift von S: Diss ist die legend von sant allexius.
54. Das er sine lebtagen J. 57. ain edler hre sass J. (von Haupt nicht
angemerkt). In S roter Initiale. sas S. 59. gancze erbarmhcykait J.
gancze barmherczikeit S. 60. Ain w. J. Gros wund' hat gott an in ge-
leit S. 61. von richtüm und von wird S. 62. vnd sin begirde J S.
63. Aö sch. l. warend J. gar l. warent S. 64. im A O. dienot S. 65.
fliss J. dem allmechtigü gott S. 66. sinen gebott J. vnd wz öch sinem
gebott S. 67. Alle zit u. S. 68. gehaissen (Haupt fälschlich: gehaisen)
eufannon J. genempt S. 69. was S. er Oberl. Gloss. 70. vnd vil g. S.
71—78. fehlen A O. 71 hatte S. 72. diente all weg- J. weiz got fehlt,
im dienoten öch alle (nicht aller, wie Pfeiffer hat) weg S.

driu tûsent vrouwen und ouch man
die pfelle und sîden truogen an
75. bî den selben jâren
und umbegürtet wâren
mit rîchen borten guldîn.
er muoste liep dem keiser sîn,
wan er in sînem palas
80. der oberste und der beste was
des er dâ bî der zîte wielt.
sîn hûs er milteclîche hielt
nâch der wâren schrifte sage.
drî tische wurden alle tage
85. bereit den armen dinne.
die wâren gôtes minne
truoc sîn tugentricher lîp.
ouch hæte er ein vil sælic wîp,
diu was Agleis geheizen
90. und kunde in wol gereizen
ûf milten unde ûf hôhen muot;
si was liutsælic unde guot,
bescheiden und verwizzen.
ir tage si verslizzen

---

73. ouch fehlt S. 74. pfellor vnn side truoc er an der selbe ge-
truve man A O. Die hattēt purpur vū sidū an J. Die semit vū siden
an trūgont S. 75. Trûgend bi den j. J. by den iarē S. 76. vmb gurt
warend J. vm̄ gegûrtet warē S. 77. Mit siden portū g. J. 78. sîn fehlt
J. mvesto A O. 79. w. er sinen p. A O. 80. u. d. liebeste (libeste O)
w. A O. obrost J. 81. Das er do bi den zitū wilt J. do by den zitten S.
82. wirdenklichen S. 83. geschrift J. geschrifte sag S. 84. wirdep A O.
Die tisch wirđn all tage J. Die dische warent alle tag S. 85. Berait
den armē kinden J. dar inne S. 86. ware A O. Die da warēt gottes
m̄m̄er J. 87. tuot A O. tugēthafft' J. minnenklicher S. 88. vil fehlt S.
hette A O. hett J. hatt S. 89. agles J. 90. kunt A O. kund J. Die
kond i. w. geheissē S. 91. vnd rainē J. Vff milte vnd uff barmherczikeit
gůt S. 92. lutzelic A. lvitzelic O. vnd reines mût S. 93. gewissen S.
94. J. t. hett s. v. J.

95. het in ganzer reinekeit,
    wande ir herze was geleit
    an got vil harte sêre.
    in beiden guot und êre
    was gegeben und beschert.
100. iedoch het in vreude erwert,
    daz si wâren âne kint,
    diu rîcher liute wunne sint ·
    unde ir spil ûf erden hie.
    daz reine wip enhæte nie
105. sun noch tohterlin getragen.
    daz hôrte man si beide klagen
    dicke sunder allen spot.
    si gâben durch den werden got
    almuosen rílich alle stunt,
110. dar umbe daz in würde kunt
    von sime trôste ein kindelîn
    daz noch ein erbe solte sîn
    der hôhen gülte manicvalt
    der wunder was in ir gewalt.

115. Nu wolte si des got gewern
    des ir gemüete kunde gern
    gar inneclichen zaller zit.
    er liez ir edel herze sît

---

95. hetten A O. gar jn rainer statikait J. hatten S. 96. Wō J.
Wann S. vnn A O. 97. ane gott uil hart vñ sere S. 98. Ir baidn J.
99. gebn J. 100. hette A. dz fröd J. hatte inen dz frőd S. 102. lűten S.
103. vff erde J (von Haupt nicht angemerkt). 104. Das wip enhette
noch nie J. 106. hort J. Dz warent irer herczen grosse clagē S. 107. dv
(dvi O) zwei sunder ane spot A O. Dikke s. alle sp. J. Dar dar hattē
si grosse nott S. 108. sv A. riehen A O. Vnd gabent grosse allmůsen
durch gott S. 109. Billich allmůsen a. s. J. Alle zit vnd alle stund S.
110. der umbe laze in werden k. A O. Darum S. 111. sinem J S (von
Haupt nicht angemerkt). 114. Der wunsch wz in jr gezalt J. fehlt S.
S schiebt 16 Verse ein, cfr. Anm. 115. got des g. J. 116. Das jr mŭt J.
In S neuer Absatz, Dz ir geműtte von ĩn was gerē S. 117. inneclicher
zuo A O. Als űnnklich ze J. Also wunneklich ze S.

ervröuwet werden unde ir leben.
120. in wart ein schœner sun gegeben
von gotes helfe sâ zehant;
der wart Âlexîus genant
und het vil schiere an sich genomen
den rîchen und den hôhen vromen
125. daz er begunde minnen
mit herzen und mit sinnen
den wâren got für alliu dinc.
er wart ein sælic jungelinc
an lîbe und an gebâre.
130. der edel und der klâre
zuo der schuole wart geleit
und hæte in sîner kintheit
enpfangen schiere die vernunst
daz er von gotelicher kunst
135. wart vil unmâzen wîse.
mit lobelichem prîse
gezieret stuont sîn reiniu jugent.
er wart ein spiegel rîcher tugent
und aller êren bluome.
140. wer möhte alhie mit ruome
durchgründen ouch sîn hôhez leben?
im hæte got den wunsch gegeben
ûz erwelter dinge.
dem werden jungelinge

---

119. werden] wurd oder wmd J. (von Haupt nicht angemerkt).
120. gebn J. wann iñ schier wart geben S. 121. vō siner helffe do
zehand J. von sinem trost ein kindelin S. 122. fehlt S, S schiebt 27
Verse ein nach 121. 123. 124 umgestellt A O. 123. het er vil sch. A O.
vnd hette an sich g. J. vnd hatt an sich g. S. 125. Dz er da begonde
m. S. 128. wz S. 129. gebárde J. 129—152 fehlt S. 130. werde J.
131. gelert J. 132. hette A O. hett J. 133. schiere fehlt, vernunft J.
134. gotlicher A O. götlich' kunst J (nicht wie Massmann hat, kunft).
136. lobelicheme A O. lobelichem brise J. 138. Er wz ain spiegel all' t. J.
140. mit fehlt J. 141. úch (= iuch) J (von Haupt nicht angemerkt).
142. wunsche gebn J. 148. ewelter A.

145. wart alliu schande wilde.
     er hæte ein klârez bilde
     und eine lûtere angesiht.
     an im brast aller sælden niht
     die man ûf erde haben sol.
150. sîn herze sam ein heizer kol
     in der gotes minne bran.
     daz schein im in der jugent an
     vil ûzer mâze vrüeje.
     man seit, swâ tugent blüeje,
155. daz dâ vil rîcher sælden vruht
     beginne wahsen mit genuht.

Diz wart an im bewæret wol:
sîn herze was der tugende vol,
dâ von sîn lîp gar sælic wart.
160. ein maget rîch von hôher art,
     diu von keisers künne was,
     wart im ze wîbe, als ich ez las,
     gegeben in der kintheit.
     doch wizzent daz er si vermeit
165. und er si kiusche lie bestân.
     si was nâch wunsche wol getân
     und ûz der mâze schœne.
     mjt lobe ich iemer krœne
     ir werdez leben und ir lîp.
170. si wart im als ein êlich wîp
     gemehelt in dem tempel sus
     dâ sante Bonifâcîus,

---

145. Vor aller schanden wilde J. 147. ein luter A O. ain luter J.
148. brist J. 149. erde fehlt J. erden O. diatr. u. Gl. 152. im an der
j. J. 153. vss (nicht, wie Haupt hat, vff) der massen frûe J. usser massen
früge S. vroege A. vrvege O. 154. wâ A O J S. 157. Diz] als O. 158.
ward der tugēd J. tugenden S O. 160. magt J S. 161. was fehlt S.
162. zewibe S. 165. kûnsch liess bestōn J. Vnd si da k. S. 166. vō
wüsche J. 167. vss der müssen J. ussermassen S 168. ich si jemer k. J S.
170. selig S. 171. hus J S. gemächelt J. gegeben S. Haupt gemahelt
mit fälschlicher Auslassung der Variante.

der marterære genædec, ist.
vil werde priester, wizze crist,
175. ze samene gâben si des tages.
des wart an vröuden vil bejages
enpfangen in der veste wît,
wan dâ geschach ein hôchgezît
diu rîlich unde schœne was.
180. diu brût ûf einem palas
des nahtes eine dâ beleip,
dô man den tac vil gar vertreip
mit wunne und mit gerœte.
Âlexîum den hæte
185. bevangen hôher tugende schîn.
Eufêmîân, der vater sîu,
hiez in minnenclichen gân
zuo der megde wol getân
ûf die kemenâten hin.
190. lieplichen sprach er wider in
'sun, vil herzeliebez trût,
ganc und schouwe dîne brût
in daz gaden wunnenclich.'
mit disen worten huop er sich
195. ûf den palas sâ zehant;
darinne er wol gezieret vant

_____

172. do A O. 173. marterer gnedic A O. martrer gnädig J. martrer
gnedig S. 174. werder J S. wise J S. (von Haupt nicht angemerkt).
175. zvo samene A. ze samēd J. ze samē S. 176. Dez ward da frôdñ
vil beiaget J S. 177. vnpfangē S. 178. do A. hohzit J. hochzit S.
179. rich J. richlich S. S schiebt 6 Verse ein, cfr. Anm. 180. einen A.
palast J. Die schône brut uff einem schônen pallas S. 181. bleip A. eine
feblt J. einig S. 182. da A. 183. wnnen A. 184. Alexius der hatte J.
Allexius hatt S. 185. hoh J (von Haupt nicht angemerkt), vmevange
hocher tugenden schin S. 186. Eufamion J. 187. hie oder lie S. 188.
magte J (von Haupt nicht angemerkt). 189. In die kemnate S. 190.
lieplich J S. 191. herczlieber J. liebes herczê (= herzen) S. 192. ganc
vnn schowe A. Gang vfi schow din brut J. Gang vū schöwe S. 193.
gadem A. 195. palast do J. da S.

die werden keiserlichen vruht.
an ir lac schoene bî der zuht
und ûz erweltiu stæte;
200. si was mit rîcher wæte
bekleit nâch wunsche garwe.
ir minneclîchiu varwe
gap durchliuhteclichen schîn.
si was gar edel unde fîn
205. an libe und an gebâre.
diu sælige und diu klâre
geblüemet gar mit êren saz.
Âlexîus dô niht vergaz
der tugende der sîn herze wielt.
210. rein unde kiusche er sich behielt
vor allen houbetsünden;
wan in begunde enzünden
diu wâre gotes minne
diu lac in sîme sinne
215. brinnnende unde glüejende.
alsam ein rôse blüejende
vor im saz diu guote.
dô wart im des ze muote
daz er sich von ir lîbe schiet
220. und ir daz aller beste riet

---

197. werde keiserliche A. Die uil keyserlichē f. S. 198. schôni S.
199. uzzer welte A. vsser welte J. usserwelte stett S. 200. Vnd w. m. r.
wate J. 201. b. n. w. wäte J. mit wunsche S. 202. vrwe J. Ir gar m.
f. S. 203. durchlûchten (= durchliuchten) S. durchluchtigen J. 204. und
gar S J. 205. gebärde J. 206. sclic A. klâre] werde J. 207. wol J S.
208. da A. der nit J (nicht, wie Haupt hat, mit). 209. tugēd d. s. hcz
wilt J. tugenden S. 210. er si bchielt S. 211. alle höbt sünden J.
212. wō J. waun S. 214. sinem J. Die lag īm in dem sinne S. 215. So
brinnēt vñ so glügende J. Scre brûnnent vnd blôyent S. brennende A.
216. Sam so sin r. J. Recht als die rosen tugent S. 218. da A. des
fehlt J S. 219. libe fehlt S. 220. allerbeste A. vnd ira da dz aller
beste ried S, S schiebt 129 Verse ein.

des er gevlîzen kunde sich.
mit süezen worten minnenclich
begunde er si daz lêren
und ûf den willen kêren

225. daz si bestüende kiusche;
er warf ir daz getiusche
der trügenlichen werlte vür
und seite ir daz man gar verlür
ze jungest an ir lône.

230. dar nâch sô gap er schône
ein vingerlîn der süezen dar
und ein gezierde liehtgevar,
daz si nâch dem lantsite
bedecken solte ir houbet mite

235. daz adellîche was gestalt.
'gemahel', sprach er, 'diz behalt
die wîle ez gotes wille sî.
der müeze uns beiden wonen bî
und zwischen uns belîben gar.'

240. hie mite schiet er sünden bar
von ir unde meines blôz.
durnehtic, michel unde grôz
wart sînes herzen riuwe.
der süeze und der getriuwe

221. konde S. 222. mīneklich J. 223. Begonde er si do l. S. 225. belibe S. 226. dz zů tůsch J. fůr das g. S. 227. trvgenlicher welte fvr A. Oberl Gl. trurigen welte fůr J. trugenlichen weltte für S. 228. daz fehlt, manger v. A. ira das man ze iungst verlür S. 229. an der welt lone S. 230. Dar nach do gab er jr sch. J. daruach A. sô fehlt, ira uil sch. S. 231. ein v. öch dar S. 232. Vnd ein stuchen liechtuar S. J hat nicht, wie Massmann liest, lichtgebar. 233. nach dō sitten J. 234. jr höbt täkte da mitte J. ir höbet solte S. 235. adelich A O J. adelichen S. 236. dz J. das S. 237. sig J. 238. beden A. mûs J S. beiden fehlt J. 239. vnn bi vns bliben gar A. vnd kůnsche bi vůs belibn gar J. (nicht, wie Haupt hat, blîben) vū zwůschem ŷns beliben gar S. 240. svnder bar A J S. do schied S. 241. vnmeines blos A (das O schon verbessert). vnd main was lös J. von ir alles meines blos S. 242. dvrhnehtic A. Dvrnehtic O. durnächtig J. durchnechtig S. 243. truwe A. wz im do S.

245. ein teil er sînes guotes nam.
mit dem dô kêrte er unde kam
tougenlîche sînen wec.
gar stæte wolte er unde quec
belîben an dem dienste gotes
250. und iemer gerne sîns gebotes
volgen ûf der erde.
der edel und der werde
saz ûf daz mer in einen kiel
und fuor als ez im wol geviel
255. und in dô sîn wille bat
vil schiere zeiner schœnen stat;
diu neunet man Laudâtîâ.
doch was er niht ze lange dâ,
wan er zehant von dannen schiet.
260. sîn edel herze im dô geriet
daz er kêrte zeiner stift,
diu wirt geheizen an der schrift
bescheidenlîchen Êdissâ.
diu selbe stat in Sŷrîâ
265. lît, daz sagent uns diu buoch.
dâ was gedrucket in ein tuoch
daz bilde Jêsû Kristes,
gar îtel arges listes

245. er] do J. er fehlt S. 246. da A. so J S. 247. tugedlich J. dögenlichen S. tvgentlichen A. weg- (= wege) J. 248. gar stäter voller pfleg- (= pflege) J. kek S. 249. bliben A. belibn jn J. (nicht ir, wie bei Pfeiffer wahrscheinlich durch einen Druckfehler steht) dienst S. 250. sin J. gerne fehlt S. 251. erden S. 254. vnd für uff das mer als es im danne geuiel S. 255. und als in J S. im A. do fehlt S. 256. zuo einer A S. zuo ainer schön' statt J. 257. kam die hiez laudantia A. nemet mā laudatia J. lauducia S. 258. doch beleib er nit l. d. S. 259. daūn J. vou dannen schiet er sich sa A. 260. nūe das riett S. fehlt A. 261. vnn kerte hin zuo A. zū einer gestift S. 262. Die ist gehaissen (geheissen S) in d' geschrifft J S. 263. Beschaidūlich J. bescheidenliche A. Bescheidenlichê (= bescheidenlichen) edissia S. 264. sirean J. Kyria S. 266. getruket J. gemalet an S. 267. ihesv cristes A. jesus x͡pus J. jhus x͡pus S. 268. stat itel A. karges J. gar vil u. S

[Bei Haupt V. 269—293] und âne menschen werc gemaht.

270. ouch stuont ein münster wol geslaht
    gezieret dâ vil sêre.
    in sanct Marîen êre
    gewîhet ez vil schône was.
    in dirre veste, als ich ez las,
275. Âlexîus sich nider lie
    mit reinem willen unde gie
    ze kirchen aller tegelich.
    er quelte mit gebete sich
    den âbent und den morgen.
280. in riuweclichen sorgen
    wart daz herze sîn begraben.
    ein swachez kleit vil gar beschaben
    daz leite an sich der jungelinc.
    daz edel und daz rîche dinc,
285. daz er von guote brâhte dar,
    daz gap enwec der guote gar
    den armen liuten unde enpfie
    mit in daz almuosen hie
    vil jæmerlichen alle stunt.
290. im wart vil manic breste kunt
    an spîse und an gewande.
    nu daz er von dem lande
    was vil tougenlîche komen
    und daz ze Rôme wart vernomen

---

269. ön J. môntschen hant S. 270. stont en mvnster geslaht A. minst' geschläht J. uil geschlacht S. 272. sancte A. sant J S. 273. gewicht J. Gewichet S. 274. ez fehlt J. In der statt S. 275. lies J. Al. s. da n. lies S. 276. willen er g. J. 277. kilchen alle täglich J. ze der kilchen also tögenlich S. 278. zögte J. übte S. 280. ruwelichen A. Ir rûweklichen orden J. In andacht vñ mit sorgen S. 281. Dar in wz dz hercze hercze sin begraben S. 282 und 283 fehlen J. 282. vil fehlt S. 283. Dz nam an s. d. jüngling S. 284. dinge S. 285. Was S. 286. gab er willeklichen (nicht, wie Haupt hat, willecliche) dar J. enweg der sûsse dar S. 287. enpfing J. 289. vil gemaiulich J. 290. jn, preste J. gebreste S. 292. Nvn J S. 293. tougenlich A. tögenlichê (= togenlichen) J. vil fehlt, tögenlichen S.

295. daz er sich hæte enwec gehaben,
dô wurden sîne vriunt begraben
in jâmer unde in maneger nôt.
si wâren alle an vroüden tôt
durch sîne leide hinvart.
300. der vater sîn von hôher art
hiez in dô suochen alzehant.
vil boten wart nâch im gesant,
der kam ein teil z Êdisse,
und sâhen in gewisse
305. dâ sitzen bî den armen.
si liezen sich erbarmen
den kumber sîn vil tiure.
des gâbens im ir stiure
und ir almuosen sâ zehant
310. wan er was in unbekant
an lîbe und an gebærde.
in hæte alsô beswærde
entschepfet und der breste sîn,
daz in niht mohte werden schîn
315. daz bilde sîn ze rehte.
doch wâren im die knehte
und die boten alle kunt,
wan er bekande bî der stunt
ir namen und ir leben wol.
320. für wâr ich iu daz sagen sol

295. enwege hat J. enweg hatte ge gehaben S. 296. da wirden s.
vrvnt A. wurdent sin frûnd J. des wurdent sin frûnde da S. 297. ma-
niger A. menger J. mit mauger S. 298. vroieden A. 299. Dur sin laidn
hinfart J. siner leiden hinvart S. 301. dô fehlt, suochen all da zehant S.
302. wurdent uss gesant S. 303. ze disse A O. ze edissa J. kament, ze
edissia S. 304. gewisse da S. 305. dâ fehlt S. 307. de A. kumer S.
308. gaben si A. Do gabencz in ze stûre J. gabent si im stûre S.
309. und fehlt, sâ fehlt J. da zehant S. 310. inc (= inen) unbekant S.
312. alsô fehlt, sin b. J. 313. Entschöpfft vn dⁱ gebreste sin J. vnd der
grosse gebreste sin S. 314. sin A. 315. daz fehlt, bilde kvnt z. r. A.
316. do, innē (= inen) S. 317. wol kund S. 318. b. si by der st. S.
320. vch A. iu fehlt S.

daz er gen himelrîche sach
und gar inneclichen sprach
'got herre in dîner magenkraft
almehtic unde wunderhaft,
325. genâde und lop sî dir geseit,
daz in der hôhen sælikeit
betaget hiute sî mîn leben
daz mîne knehte mir gegeben
hânt ir almuosen hie.
330. die mir dâ heime wâren ie
mit dienste willeclîche bî,
die sint nu rîcher dan ich sî.
des wil ich danken, herre, dir,
swes du begunnen hâst mit mir,
335. daz lû mit sælden und mit fromen
an mir ouch ûf ein ende komen.'

Die rede treip Âlexîus.
die boten wider heim alsus
kêrten an den stunden.
340. daz si niht hæten funden
den ûzerwelten an der zît,
daz seiten si ze Rôme sît
den vriunden und dem vater sîn.
des wart ir herzeclicher pîn
345. von schulden bitter unde tief.
sîn muoter in ein gaden lief,

---

321. ze h. J. ze himelrich uff S. 322. fehlt A. 324. almehtig A
J S. 325. gnade A. gnad J S. 327. Betagt si hůtt S. 328. gebn J.
hant geben S. 329. hant fehlt S. 330. mit dienst warent by S. 331.
fehlt S. willeklichen J. 332. dēn J. denne S. 333. herre danken S.
334. Wes du begmet hest zů mir J. was S. 335. las S. 336. an fehlt,
mir uff ein gůtt ende k. S. S schiebt nach 336 10 Verse ein. 337. Do
die red getreib a. S. Roter Initiale u. Absatz in S. 338. hain J. 339.
d' (= der) J. 340. hettint J. do S. 342. zuo A. 343. den v. A.
344. herzecliche A. Das was ir herczeliche pin J. des leid ir hercz vil
grosse pin S. 346. gadem A O. kamer S.

in dem si nahtes allez lac.
si spreite nider einen sac,
dar ûf si klägelichen saz.

350. ir ougen wurden schiere naz
von sorgen und von leide.
ir blanken hende beide
begonde si dô winden.
si zarte von den linden

355. wangen daz vil rôte vel.
ein stimme gar unmâzen hel
mit jâmer ûz ir munde fuor.
bî gote si dô tiure swuor
daz si niemer kæme

360. von dan, ê si vernæme
diu rehten wâren mære,
wâ hin komen wære
Âlexîus, ir liebez kint.
diu sorge wart ân underbint

365. versigelt in ir muote
darumbe daz der guote
gescheiden was von in alsô.
diu reine, sîn gemahel, dô
sprach ir sweher zuo mit clage

370. 'nu wizzest, herre, daz ich trage
den stæten willen iemer
daz ich gescheide niemer

---

347. allez fehlt, inne 1. S.   348. si gab ir hercze mangen schlag S.
349. clagenlichen A. wann si da uil cleglichē sas S. 352. liechten S.
353. da A. Begunde, vinden J. 354. linde A. 356. uss mässe J. gar
fehlt, usser massen S. 357. usser irem S. 358. dô fehlt, vil tûre J S.
schûr J. 359. Das si da niemer dar us keme S. 360. von dan fehlt, e
dz si verneme S. 361. warc J. 362. wa der zart were S. 363. vil
liebes J. 364. wart fehlt, ir u. J. anc A Oberl. Gl. S. weret S. 365. irn
A Oberl. Gl. an jr J. irem S. 366. Dar vmb J. darum S. 367. jr J.
ira S. alsus J. Das wz jr grösser jam' sus Do dû raine sin gemachel do
Ir klag- sprach also schiebt J ein. 368. fehlt J. 369. sprach fehlt J.
370. wissest A. wissist J. wûssēt S.   371. besten A.

von dem erwelten hove dîu,
ê daz ich von dem vriunde mîn
375. die rehten wârheit hie vernime.
ich arme trûren sol nâch ime,
sam sich diu turteltûbe quelt,
diu kein ander liep erwelt,
swenne ir trût gevangen wirt.
380. si mîdet iemer und verbirt
aller grüener böume zwî
und wont dem dürren aste bî
mit jâmer und mit sender klage.
reht alsô wil ich mîne tage
385. die schœnen wunne vliehen
und mich ze sorgen ziehen
die mîn gemüete derrent
und allen trôst versperrent
vor mînem armen herzen.
390. ich muoz vil strengen smerzen
lîden unz ich hœre jehen
waz mînem vriedel sî beschehen,
dem süezen und dem reinen.
ich wil in iemer weinen
395. die wîle unz ich daz leben habe,
ist er des lîbes komen abe.'

Sus wart Âlexîus geklaget
von der vil keiserlichen maget

------

373. huse J S. werdé S. 374. fridel S. 375. rechte worbeit A.
v'nim J. hie fehlt, vernim S. 376. wän ich tr. s. n. jm J. von dem
liebē gemachel min S. 378. turtultube A. Oberl. diatr. 379. Wenn S.
380. mident J. 381. bovme A. Oberl. diatr. böme J. grünen böume zwy
S. grvoner Oberl. diatr. 384. rehte alz A. 385. schoene A. frische J.
frischen S. 386. Vnd zû den sorg zū. J. Vnd den sorgen zû z. S.
387. derent J. 388. v'sperent J. 389. Vō J. mime S. 390. muoz fehlt S.
391. uncz das ich hórre j. S. 392. vrisel A. vriesel Ob. gl. wie, geschech S.
394. Den wil ich S. 395. unz fehlt J. d. w. und ich S. 398. vil fehlt J S.

diu sîn gemahel worden was.
400. diu muoter sîn ze herzen las
und ouch sîn vater swæren sin.
ir hôher muot der was dâ hin
und ir vröuden rîcher hort.
ir lieber sun der leit ouch dort
405. in gotes dienste mange nôt.
almuosen unde betelbrôt
was sîn lîpnarunge.
sîn ûzerweltiu zunge
zaller zîte pflac gebetes;
410. beide wînes unde metes
wênic tranc sîn kiuscher munt.
er was biz ûf der sêle grunt
mit gotes dienste erfüllet gar.
bleich und jæmerlîche gevar
415. begunde in sorge machen.
vil vasten unde wachen
sach man den reinen gotes kneht.
in dûhte billich unde reht,
daz er sich quelte harte.
420. der süeze sich bewarte
vor allen sünden tegelich.
sîn sælic herze wolte sich
der himelischen gnâde wenen.
man hôrte in siufzen unde senen

---

400. vō h. J. 401. sius vatter swerer sin A. ouch fehlt S. 402. der fehlt J. 403. vroiden A. 404. Allexius leid ōch d. S. 405. mēge J. manig S. 406. betteln brot A. bettebrott S. 407. sins libs J. sines libes S. 409. zit A. ze aller J. pflag ze allen zittē g. S. 410. wins A. baide tages vn nachtes J. 411. weninc A. 412. biz fehlt A. der selbe stūd J. selen S. 413. gaist J. 415. Begond J. Begonde S. 416. Eht vasten J. Beide vasten S. 418. dūkt J. dūch S. 419. hielte h. S. 421 bis 424 fehlen A. 421. vor fehlt J. 422. heiliges S. 423. viehen J. 424. femen J.

425. nâch dem paradîse vrôn.
     ûf den vil hôhen gotes lôn
     stuont sô vaste sîn gerinc,
     daz sich der reine jungelinc
     quelte deste harter.
430. sus lebet er in der marter
     volleclîche zehen jâr
     biz got den liuten offenbâr
     wolte machen al die tugent
     die sîn lîp von kindes jugent
435. het ân underlâz getragen.
     ein bilde lie sich bî den tagen
     in dem münster schouwen,
     gewirket nâch der vrouwen,
     diu got, den werden Krist, gebar.
440. ez was nâch wunsche liehtgevar
     von golde und von gesteine.
     daz selbe bilde reine
     begunde an einem morgen fruo
     bescheidenliche reden zuo
445. dem glockenære von der stift.
     uns seit von im diu wâre schrift,
     ez sprach alsus dâ wider in
     'ganc für das münster balde hin
     und heiz den menschen gân her în
450. der vor der angesihte dîn

---

425. aller sunnentage fron A. frono J. nach der himelschlichen crone S. 426. gotes fehlt, lône J. vnd nach des paradises lone S. 427. gerüg- J. geding S. 428. kusche S. 429. zwungte dester harte J. hielt dester harter S. 430. lebt J. lepte S. 431. vollenklichen J S. 433. alle A. alle tugend J. w. da m. alle d. t. S. 435. ane A. on J. 436. lies J. liess s. by denen tagē S. 438. noch A. 440. nâch fehlt A. liecht far J. ze wunsche wol gewar S. 441. von edlē gesteine S. 442. bild J. 443. begonde S. 444. Beschaidnlichen J. Bescheidenlichen S. 445. glockener A. glognare zů d. st. J. gloggner S. 446. vnn A. Als vns sait die geschrifft J. vns seitt die ware geschrift, S. 447. dâ fehlt J S (J von Haupt nicht angegeben). 448. gant, balde fehlt A. bald S. 449. mōntschen gan har in S. 450. angesiht S.

dâ sitzet, vriunt, an sîme gebete.
sprich daz er in die kirchen trete;
in welle got erbœren
dort in den himelkœren
455. des rehten und des guoten ouch.
sîn bete sam ein wîrouch
ûf dringet vür sîn ougen;
diu rede ist âne lougen
daz er binamen heilec ist.
460. in wil der ûzerwelte Krist
erbœhen ûf der erden.
sîn reiniu tugent werden
den liuten offenbœre sol.
er hât verdienet harte wol
465. daz an in werde albie geleit
grôze und ganze heilikeit.

Der dinge michel wunder
den glockener besunder
in herzen und in muote nam,
470. daz er daz bilde lobesam
sprechen hôrte wider in.
für daz münster kam er hin
gegangen und dar ûz getreten.
er suochte alsam er was gebeten
475. Álexîum den klâren,
des er begunde vûren

---

451. vriunt fehlt, sin J. sitzet dar vor an sinem gebett S. 452.
kilche A. kilchū J. kilchen S. 454. dem A. der J. 455. ouch fehlt J.
456. gebett J. als ein wirŏch S. 457. Vff tringt für die ŏgū gocz J. für
gottes ŏgen S. 458. lŏgen J. lŏgnen S. J schiebt ein: das solt du mir
gelöben. 459. heilic A. hailig J. heilig S. 460. ûz fehlt J. (von Haupt
nicht angemerkt). 461. Erhören J. erhörren S. 463. offenbarē J. S.
464. verdienot S. 465. hie fehlt J. alhie fehlt S. 466. Er und gancze
wirdikait J. ere und gancze selikeit, daū er der tugent crone treitt schiebt
S ein. 467. ding- nam m. w. J. dingen S. 468. Den glögner A. Den
glögner J. grüner Initiale in S. den gloggner S. 469. vnd jn wüder
kam J. ŏch nam S. 471. hŏrt sprechū J. 473. dar vff J. 474. alz A.
Er sŭchet als er ward g. J. als S. 476. begondo S.

mit willeclichen ougen.
dô was er âne lougen
sô vremede sîner angesiht,

480. daz er sîn dannoch rehte niht
erkande sicherlichen hie.
dâ von sô kêrte er unde gie
für daz bilde drâte wider.
ûf diu knie viel er dâ nider

485. dêmüeteclichen unde bat
got den süezen an der stat,
daz er im lieze werden schîn
wâ dirre mensche möhte sîn
der alsô heilic wære.

490. daz bilde wunnebære
sprach aber dô vil schiere zim
'trit ûz der kirchen unde nim
sîn war nu wider unde vür.
der aller næhest bî der tür

495. sitzet, nu sich, duz ist der.
ganc und heiz in komen her!'

Sus gie der glockener zehant
hin ûz dem münster unde vant
Âlexîum dâ rehte.

500. dem reinen gotes knehte

---

477. willenklichen S.   478. er fehlt J. lögnen S.   479. froemede
A. fròmde J S.   480. deñocht recht nit J. (von Haupt nicht angemerkt).
das er sin noch ze rechte nicht S.   482. ju das münster er do gie J.
483. tratt er J.   484. vff sin knie er viel d. n. J. sine knûw S.   485.
temveteclicbe A. jṽeklichen er do b. J. jemerlichen S.   487. werden
liesse S.   488. mẽsch J. d' môntsch S.   490. dz es iñ seitte die mere S.
491. vil schiere fehlt, zů im J. dz bild sprach aber zů im S.   492. kilchṅ
J. kilchen S.   493. nu fehlt J S.   494. nühste J. nòobste S.   495. s. da
sich dz ist er. da sich S.   496. sant A. gang· J. gange S. h'r J.
497. Vss gieng· der gloguer zehaud J. gieng der gloggner zehand S.
498. hin fehlt J.   500. den rainẽ (= rainem) J. den reinẽ S.

viel er ze füezen an der stat.
gar innenclichen er in bat
in des gotes tempel gân.
ouch wart den liuten kunt getân
505. von dem glockenære sît
diz wunder daz im an der zît
von dem bilde für was komen.
er seit in swaz er dô vernomen
hæte von Âlexiô.
510. des buten im die liute dô
vil hôhen prîs und êre.
sîn wirde wuohs sô sêre
beidiu stille und überlût,
daz der vil reine gotes trût
515. niht langer mohte erlîden.
er wolte gerne mîden
êre und werltlichen ruom.
daz münster und den gotes tuom
liez er unde kêrte dan.
520. den muot enpfienc er und gewan
daz er wolt in Cilicjen lant
kêren zeiner stat zehant;
diu was geheizen Tharsîâ.
bî sante Paulus münster dà
525. wolt er belîben iemer mê,
durch daz er würde niht als ê

---

501. zuo fuoz A. ze füsse S. 502. gar innenklichē an d' statt vō batt S. 503. Da jn J. jū das er in dz gottes münster gienge S. 505. mesner J. gloggner S. 506. Das wüder dz J. das wunder das S. 507. iīū wz für k. S. 508. da A. Er sait wz er hett v'nomē J. er seitte im da wz er uernomen S. 509. hette A J S. 510. buttēt J. buttē S. 511. hoher J. von hochen bild S. 512. waz A. Sin wil der wūsch vil sere J. da sere S. 514. vil fehlt S. 515. moehte A. Nit lenger mochte liden J. nit lenger mocht erliden S. 517. weltlichen A J S. rūme J. 518. den fehlt, tūme J. 520. enpfien A. vnd kam S. 521. wolto in celicie daz lant A. cecilien land J S. 522. zuo einer A S. zuo ainer J. 523. carsia J. 524. sant pauly J. 526. wrde A. nit wurd S. al ze Ob. Gl.

vermeldet noch erkennet.
sîn herze was enbrennet,
daz in der gotes minne wiel.
530. nu daz er kam in einen kiel
und ûf daz mer geschiffet was,
dô kam ein wint, als ich ez las,
der grœste der ie wart erkant,
und warf den selben kiel zehant
535. ze Rôme in die vil guoten habe.
des kam sîn herze vröuden abe;
wan er darumbe trûric wart
daz gerâten was sîn vart
vil anders danne er wolte
540. und daz er niht ensolte
komen hin ze Tharsîâ.
nu der vil guote spürte dû
unde des begunde warn,
daz er ze Rôme was gevarn,
545. dô dâhte er wider sich zehant
'sît mich hât alsus gesant
her wider heim der winde sûs,
sô kêre ich in mîns vater hûs
billicher danne anderswar,
550. wan ich ein swæriu bürde gar
dekeinem man ûf erden
wil hinnan fürder werden,

---

527. vnd J S. 528. fehlt J. uerbrennet S. 529. dz es S. viel J.
(Bei Haupt fälschlich Da für J statt dz angegeben.) 530. ein A. nun
sass er uff dz mer in einen kiel S. 531. Der vff, gestifftet J. vnd do
er uff S. 532. da A J S. 533. bekant J S. 535. guote A. vil fehlt S.
hab J. 536. herzen A. ab J hercz S. 537. gar trurig S. 538. sine S.
539. deū J S. wolt S. 540. ensolt S. 541. Carsia J. (bei Haupt als
Tarsia gelesen). 542. vnd der, da fehlt S. 543. vnu begvnde nemen
war A. Vnd man (sic!) nā dez rechtū war J fehlt S. 544. zuo A. gen
J S. geuarē S. 545. gedacht S. 546. Sit dz J. Sider das mich alsus hatt
g. S. 547. der wind alsus S. wilde A O. 548. ich fehlt J. vatters J. mines S.
549. nvn deū J. daū S. 550. gar fehlt A. wanne ich ein schwerre b. g. S.
551. dekeinen A. Dekainen J. 552. werder A. hinan J. hinnē für nun w. S.

wan im und dem gesinde sîn.
daz leben und die tage mîn
555. sol ich verswenden hie vil gar.
nieman der dinge wirt gewar
daz alhie mîne vriunde sint
und ich Eufêmîânes kint,
des hôchgebornen mannes, bin.
560. dâ von wil ich nu suochen in
mit willecliches herzen gir
und wil in biten daz er mir
sîn brôt unz an mîn ende gebe.
die wîle daz ich nu gelebe
565. sô bin ich unvermeldet hie.'
mit disen worten er dô gie
ûz dem schiffe zuo der stat.
dar în sô kêrte er unde trat
als ein vil armer bilgerîn.
570. Eufêmîân, der vater sîn,
begegent im reht ûf der vart.
ein tiurez kleit von rîcher art
het er des mâles angenomen
und was von dem keiser komen
575. ab sînem wunnenclichen sal.
im gie von liuten âne zal

---

553. wan minem vater A. Bi im J. 554. die fehlt J. 555. hie vil gar fehlt A. wesen hie vil gar J. 556. und hie vollenden A. dz niemā der dingē werde gewar S. 557. Daz alle mine vroide sint A. Dz alle min frūnd hie sind J S, letzteres aber sint. 558. ich fehlt A. eufamies kind J. vnd ich bin allexius kind S. 559. hohgebornes A. hohgeborn J. Enfemianus des hocherbornen m. b. S. 560. Darvmb J. da vō so S. 561. willeklichen J. willenklichem S. 563. end geb J. 564. wil, leb J S. 565. vnvermūret J. 567. vō dē stifte J. von dem schiff S. 568. so fehlt J. 569. bilgrin J. 570. daz vater A. Eufamion J. Enfemianus S. 571. Begegnot, reht fehlt J S. 572. höh' J. richer hab S. mit willenklichē herczē gir schiebt S nach 572 ein. 573. an sich g. S. 575. abe, sinen A. 576. gieng v. l. one J. gieng S.

ein michel massenîe nâch.
Âlexîô wart zuo zim gâch,
dô sîn ouge in hæte ersehen.
580. als uns diu wârheit hât verjehen,
daz sprach er wider in alsô
vil harte erbermeclichen dô.

'Vil ûz erwelter gotes kneht,
tuo dîner hôhen tugende reht
585. an mir genædeclichen schîn
und hilf mir armem bilgerîn
daz ich bî dir belîbe
und mîniu jâr vertrîbe
in dîme hûse reine.
590. lâ mir die brosmen kleine
die von dîme tische komen
ze mîner nôtdurfte vromen
und heiz si mir ze spîse geben,
durch daz gesegenet sî dîn leben
595. von gote und er geruoche sich
erbarmen aller tegelich
über den durch sîne tugent
der von dir fuor in sîner jugent

---

577. massenye A. mässe J. menge S. 578. zuo im A J. zů im̄ uil
g. S. 579. Do jn sin öge hett gesehen J. do sine ögen hattē iñ ersechē
S. 580. veriechen J. ueriechen S. 580—582. fehlen A. 581. do J.
582. erbärmdberczeklichen J. erbermklichen S. 584. hoher A. dinē hohñ
tugēden J. dine hochē tugendē S. 585. vil gnedecliche A. genedenk-
lichen S. 586. armen A. armē J. fehlt S. 587. blibe A. 588. uncz ich
min jar vertribe J. mine tag S. 589. dinem J S. 590. din brösmā J.
las S. 591. dinem J S. komend J. die fehlt S. 592. nötdurft fröme J.
notdurfte vū fromē S. 593. vnd mir si ze spise g. J. si fehlt S. 594.
sî] sin A. durch fehlt, Das gesegnot sig d. l. J. durch das gesegnot
sige d. l. S. 595. von fehlt A. geruochte J. got A. gotte J. gott S.
596. alle täglich J. 597. dur sin tugend J. 598. der fůr von dich in
siner jugend S.

und muoz in dem ellende sin
600. als ein armer bilgerîn.'

Eufêmiân der klâre
von disen worten zwâre
wart ûf sînen sun gemant
sô vaste daz im alzehant
605. sîu ougen überliefen
und er vil manegen tiefen
siufzen ûz dem herzen liez.
Âlexîum er komen hiez
zuo im unde sprach alsô
610. zuo sîm ingesinde dô.

'Swer disen menschen alle wege
belîben lât in sîner pflege
und im gestât mit dieuste bî,
den lâze ich hiute und iemer frî.
615. darzuo wil ich in teilhaft
machen mîner erbeschaft
und al des guotes sô ich hân.
sus hiez er einen zuo zim gân,
dem er bevalch den bilgerîn.
620. er sprach 'du nim ze rehte sîn
mit guoter handelunge war.
ein bette mache im etewar

---

599. muoz fehlt A. muoz in fehlt J. vnd in dem ellend mů̀s sin S.
600. lebet alz ein armer bilgerin A. mů̀ste als ain bilgrin am Anfang
der Zeile ein durchstrichenes al) J. 601. Eufamion J. Roter Initiale in S.
602. wart von d. w. z. S. 603. ward uō sīnē sun ermaut J. wart fehlt,
au S. 604. all ze hand J. 605. über lüffend J. 606. von ouch vil mangen
t. A. mëgen J. Vnd er da ŏch mangen t. S. 607. sunfzen von sinem
reinē herczen lie S. 608. zů im komē S. 609. zuo im fehlt, vnd sprach
zů im also S. 610. sinē J. vnd zů sinē gesinde do S. sime A. 611.
alleweg A. wer d. m. allwegen J. wer d. mòntschen allweg S. 612. bliben
A. pflegen J. pfleg S. 613. dinste J. by S. 614. lüs — frig J. las —
yemer frÿ S. 615. teilhaff A. 616. erbeschaf A. èbschafft J. erbschaft S.
617. alles, sô fehlt A. alles, so ich kan J. alles S. 618. zů jm J S.
619. fehlt J. 620. min A. zerecht J. dů̀ im. S. 621. handelug J. vnd
min sin m. g. h. w. S. 622. mach A. im fehlt, mach etswar J.

4

daz in dem hûse schône stê
swenne ich ûz und in dâ gê
625. für in, daz ich in schouwen müge.
kius einen winkel der im tüge
ze ruowe, daz er drinne lige,
daz im kein trûren angesige
und im nieman niht leides tuo.
630. daz soltû spâte unde vruo
betrahten und besorgen.
den âbent und den morgen
pflic sîn vil harte schône.
des wil ich dir mit lône
635. danken al die wîle ich lebe.
sîn kunft ist mir ein hôhiu gebe,
wan er mich mit den worten sîn
hât ermant des kindes mîn
daz ich in zehen jâren hie
640. gesach mit ougen leider nie.'

Mit disen worten und alsus
gefüeret wart Âlexius
ze sînes vater hûse dan.
der heileg und der guote man
645. dâ inne er sich nider liez.
in einem winkel man im hiez

---

628. in minē hus da sch. st. J. in minem huse da es sch. st. S.
624. swen A. wen ich jes vō nider ge J. weñ ich us oder in ge S. 625.
mug‑ J. 626. ein A. der im genug J. kùs im̄ ein S. 627. zuo A. dar
inne J. rûwent das er dar inne l. S. 628. auc g. S. 629. Vnd jme
jemā ùt laide tû J. nit leides tùge S. 630. solt du spat J. solt du spatt
vñ frûye S. 631. Behaltñ J. bewachtē S. 633. pflig sin gar sch. A. du
pflig sin harte sch. S. 634. das ich dir ȳemer l. S. 635. wil A. alle die
wil J. vnd danken alle die wil ich leb S. 636. en hohe A. küst, ain
höb gäbe J. sin kunst ist mir ein hoche geb S. 637. wö, mich fehlt J.
wann, mich fehlt S. 638. Mich hät ermanet J. mich hatt ermanet des
sunes miu S. 639. jare J. den S. 640. mit minen ougen, leider fehlt J.
leider fehlt S. 641. S grüner Initiale. 642. gefürt ward J. 643. jn
sines vatters J. zù, vatters S. 644. heilig‑ J. heilic A. der werde mā S.
645. do nider S. 646. einen — in A. jn̄ J.

ein bette schiere machen.
aldâ begunde er wachen
in gotes dienste manege naht.
650. sîn heilic lîp ranc unde vaht
mit marterlichen dingen ie.
ze mettîn und ze messe gie
der sælig aller tegelich.
sîn tugentrîchez herze sich
655. dar ûf mit hôhem vlîze wac
daz er enkeine zît verlac
die man sol singen oder lesen.
er wolte an sîme gebete wesen
alliu mâl und alle vrist.
660. der edel und der werde Krist
was im in die sinne brâht
mit alsô reiner andâht
daz er sîn niht enkunde
vergezzen mit dem munde
665. noch in des herzen muote.
der biderbe und der guote
mit grôzer kestigunge twanc
den lîp, wan er az unde tranc
vil wênic und vil kleine.
670. niht anders wan gebeine

---

647. schöne J. ein bett schon da m. S. 648. Alle da begunen
erwachen J. begont er S. 649. gotte d. mange A. dinste menig J. dienst
manig S. 650. hailig- lib rang J. heilig lip rang und facht S. 651.
martellichen A. naturlichen (also nicht natiurlichen), ie fehlt J. ye S.
652. zuo A. mette J. metti vnd ze messe er gie S. 653. teglich A.
snlig- alle täglich J. 653 fehlt S. 654. sich fehlt J. 655. sich uff hoche
tugent wag S. 656. enkain J. kein S. 657. Das J. so (oder do?) mā
solt S. 658. sinē J. sinem S. 659. allu m. u. allv v. A. 660. crist A
S J. werdest J. 662. alse A. rainē J. 663. nit J S. 664. den A.
666. biderb J. der edel und d. g. S. 667. kestunge zwang J. kestung
zwang S. 669. weninc A. vil klaine und vil klaine J. 670. deū J.

was in im und diu hût dar obe.
sîn vater hiez sîn wol ze lobe
von sîme hôhen tische pflegen.
ab dem der werde gotes degen
675. wart alsus gefuoret hie.
doch wizzent daz er wolte nie
darumbe gezzen deste mêr
daz man im edel spîse hêr
von sînes vater tische bôt.
680. sîn ougen wurden dicke rôt
durch manegen trahen bitterlich.
er senete nâch dem lône sich
der ie dem rehten was bereit.
vil maneger hande smâcheit
685. im sînes vater knehte buten.
die köche die daz fleisch dû suten
swaz die von wazzer und von labe
gespuolten maneger schüzzel abe,
daz wart ûf in gegozzen.
690. daz leit er unverdrozzen
gedulteclichen alle zît.
diu kint begiengen wider strît

---

671. in fehlt, drobe A. wō jm in der hût tube J. an im̄ S. 672.
im wol J. lob S. 673. sinê J. sinê, hôhen fehlt S. 674. hin ab dë
werden gottes tegen J. 674. abe dem so wart der gotes segen A. ab
dem wart der gottes tegē S. 675. alsus gefveret hie A. alsus gefûre hie
J. alsus gefûret hie S. 676. Doch wisset er wolt wie J. 677. Da vmb
gesessen dester me J. darum̄ gessen dester mere S. 678. edle J. here S.
679. vatters J S. dische S. 680. wirden A. öge wurdent J. wurdeut von
blûtte rott S. 681. trehen A. 682. sente J. sante da S. 683. die ie dē
J. dem] den S. 684. manger A S. menger hand J. 685. vatters knechte
buttēt J. vatters knecht erbattē S. koeche A. 686. koch, dâ fehlt, suttent
J. kôche, dâ fehlt, suttent S. buoben A. 687. Was die v. w. alder vō lob
J. vnd wz die v. S. 688. manger A. Oberl. Gl. gespvelten A. gespuilten O.
gespûltend mēge schûssel ob J. gespuolten fehlt, von manger s. a. S.
689. spûltē das wart uff inn g. S. 690. Dis laid J. er alles u. S. 691.
gedultenklich ze aller zit S. 692. beginget J. begiengent S.

an im dô grôzen ungelimpf.
er was ir gamel und ir schimpf
695. alle zît und allen tac.
er wart vil dicke ûf sînen nac
geslagen sunder lougen.
man spîte im under ougen
und tete im allez ungemach.
700. man schalt den guoten unde sprach
im dicke smæhelîche zuo.
diz leit er spâte unde vruo
mit willeclichem muote.
sîn vater der vil guote
705. erkande niht die smâcheit
die der gotes kempfe leit.
er wânde daz man pflæge sîn
vil schône und er dekeinen pîn
von sînem ingesinde lite.
710. der heilig und der wol gesite
in sînes vater hûs für wâr
fuorte stille und offenbâr
vil strengez leben bitter
sô daz den gotes ritter
715. nieman darinne erkande.
sîn herze maneger hande

---

693. vngelimpf S. im] in Ob. Gl.   694. fehlt S.   695. alle tage A. Ob.
Gl. Alle frist vn alle tag J S.   696. ûf sinen nac fehlt, geslagen A.
Ob. Gl. sin nak J. es S.   697. geslagen fehlt, vf sin nac A. ane
lognē S.   698. sv spuwen im in die ovgen A. spigt J. man spuwt iⁱⁱ
vnder die ōgē S.   699. man tet A.   700. dē süssñ J. den süssē S.
701. småhlichen J. im dik uil schamlich zů S.   703. willeclichen A.
704. sin vatter vnd sin mùtter S.   705. d'smachait J. erkanten nie die
schmacheit S.   707. wond J. want S.   708. die keinen A. er fehlt, dekain J.
dekeine S.   709. gesinde lytte S.   711. verwar A. huse S.   712. stil J.
fûrte er still S.   713. strenge A. vil stilles strenges l. b. S.   714. dem A.
716. maniger A. hercz mēger J. hercz mang' S.

jæmerlîche nôt enpfienc,
daz sîn gemahel vor im gienc
und er ze der ein wort niht sprach.
720. nu sprechent ob daz ungemach
niht wær ein vil strengez leit.
mich wundert daz er ie vermeit
sô lange die vil wunnesamen
und er niht seite sînen namen
725. dem vater noch der muoter sîn,
diu beidiu marterlichen pîn
mit klage umb in erscheinden
und alsô dicke weinden
durch daz er von in was gevarn.
730. daz er in wolte niht enbarn
sîn herze und ouch sîn bilde,
daz was ein wunder wilde
und ein erbarmekeit vil starc.
vor sînen vriunden er sich barc
735. biz im von gote wart gegeben
daz er niht langer solte leben.

Und dô der guote sich versach
daz im ze sterbenne geschach,
dô sprach er zuo dem knehte
740. der alle stunt ze rehte

---

717. jemerlichn not empfie S. 718. Das jm J. daz fehlt, gie S.
719. zuo A. nie ain Wort gesprach J. 719—721. fehlen S. 720. obe A.
721. vil fehlt J. were A. 722. wüdret dz er nie vermaid J. wunderet S.
723. wnnesam A. wunne sante S. 724. er fehlt J. und fehlt, das er ir
S. er] ir A. 725. noch den vater von A. d. v. vnd d. m. s. J. 726. die
beide S. dv beidv A. die baide J. marterliche J S. 727. erschaintñ J.
erscheinte S. vmbe A. 728. wainten J. erweinte S. 729. inen S. (J
nicht wie Haupt.) 730. Dz er wolte nit ensparn J. nit wolte in S. 732.
wuder A. das wz uñ e- gar wilde S. 733. vñ erbarmherczikait J. er-
bermkeit S. 734. sünden J. fründen uil stark S. 735. was J. 736. nit
lenger J S. 737. da A. 738. sterbene A. ze sterben da S. 740. alle
zit S.

solte dâ sîn pfleger sîn
'junkherre, zuo dem dienste mîn
dich neige unde ein lützel biuc
sô daz du mir ein schrîpgeziuc
745. erwerbest der ze brieven tüge.
hilf mir daz ich geschrîben müge
ein wênic mîner sache,
daz dich got sælic mache
an lîbe und an der sêle gar'.
750. hie mite wart im schiere dar
gewunnen swaz er solte haben.
mit endelichen buochstaben
schreip er alliu sîniu dinc,
wie der vil kiusche jungelinc
755. durch got von sîner brûte lief.
dâ bî sô schreip er an den brief
daz er als ein bilgerîn
vil strengen unde swæren pîn
truoc in dem ellende.
760. ouch schreip er vil behende
daz in der tobenden winde sûs
ze Rôme in sînes vater hûs
gar über sînen willen treip.
dar nâch dô satzt er unde schreip
765. daz er sibenzehen jâr
beidiu stille und offenbâr

---

742. dinste sin J. lieber knecht nü tû so wol das ich dir yemer danken sol S. 743. bvg A. dich naig- uñ ain lüczel bog J. zů minem dienst du dich büge S. 744. daz sch. A. vnd büt mir einë schribgezüge S. 745. zuo A. ze brieffe J. erwerbest fehlt, der mir zů briefen t. S. 747. weninc A. 748. Das ich J. 749. vñ ouch an sele J. 751. gewnnen A. wz J S. 752. buostahen A. endlichen J. 753. do alle ding S. 754. vil fehlt S. 755. lies J. 756. dar by S. 757. bie A. bilgrin J. 758. vil schwürer vñ vil streng' pin J. vil strenge vnd vil schwere pin S. 760. der A. er da uil b. S. 761. tögëde J. der tobende wind alsus S. 762. mines A. sins vatters J. sines vatters S. 763. gar fehlt S. 764. dau nach da sas A. dënocht so macht er J. dar nach malet er S.

wær unbekennet dâ beliben
und daz diu hovediet getriben
mit im hæte ir ungelimpf.
770. der spot, diu smâcheit und der schimpf
diu im geboten was aldâ
daz wart bescheidenlîche alsâ
gesetzet an den brief binamen.
swaz ie geschach dem lobesamen,
775. daz leite er unde schreip dar an.
alsus gewarp der hôhe man
und der vil reine gotes kneht,
dô der grimme tôt sîn reht
an im erzeigen wolte
780. und er verscheiden solte.

Nu diz nâch lobelicher art
geschriben allez schône wart
von sîner hant der reinen,
dô wolte got erscheinen
785. den liuten allen sînen tôt
und die vil marterlichen nôt
die der getriuwe truoc mit klage.
an dem vil hêren balmetage,
dô man gesanc die messe vrôn,
790. dô wart ein wünnenclicher dôn

767. wer vnbekant da bliben A. was vnbekeñet da blibñ J. were
vnerkannt S. 768. die A. Oberl. Gl. die hoffediet v'tribñ J. da getreib S.
769. hetten irn vngelipf A. hettint jn vngelimpf J. hetten irn Oberl. Gl.
(Haupt fälschlich irn] im), sölichen grossen vngelimpf S. 770. den spott,
den schimpf A J S. 771. der i. g. wart a. S. 772. bescheidenlich A.
wart fehlt, beschaidnlichñ da J. der wart bescheidenlichen da S. 773.
den fehlt J. benamē S. 774. lobesam A. wz ie beschach J. 774. fehlt S.
775. schreip es an A. 776. Also warb der hoffamā J. alsus wart der
hoche man S. 778. grime tod J. fehlt S. 779. zaigen J. erzogen S.
780. wolte S. 781. Do J. vnd S. loblicher J S. 782. schon S. 783. des
reinen A. der raine J. 784. gor J. 786. fehlt A. nôt fehlt J. vil fehlt S.
787. klag- J. clag S. 788. hrem balmtag J. balm tag S. 789. sang J.
790. wnnenclicher A. wuneklicher dön J. wunnenklicher ton S.

ze Rôme erbœret und vernomen.
ein stimme was von himel komen
hôh in dem münster obene;
diu rief dâ wol ze lobene
795. 'wol her zuo mir alle die
der lip ûf ertrîche hie
mit jâmer und mit seneder klage
durch mînen willen kumber trage!
ich wil iuch widerbringen
800. mit wunnebernden dingen.'

Von dirre stimme schalle
die liute erschrâken alle
die zuo dem münster wâren komen.
wan dô si wart von in vernomen,
805. dô verzageten in diu lider.
si vielen ûf ir knie darnider
und sprâchen kyrjelêŷson.
vil strenger vorhte si gewon
wâren bî der selben vrist.
810. si bâten alle Jêsum Krist
daz er geruochte erbarmen
sich über si vil armen
unt daz er müeste wenden
mit helferîchen henden

---

791. v'hôret J. 792. stiñ S. 793. obenan A. hohe jn dz minster
ebēne J. ohnē S. 794. lobenne A. zelbene J. die reise do uil wol ze
lobe S. 795. wol her alle zû mir die J. 796. der lieb uff ertrichen S.
797. sender J. hat erlittē mit jamer vñ mit selder clag S. 798. der min
willē J. trag S. 799. wil iñ S. 800. wnnebernden A. wünebärde J. wund'
berendū sinnen S. 801. A macht hier keineu Absatz. stiñe sage J. vou
der st. S. 802. erschrakūt J. erschrakē die lütte alle S. 803. komen
fehlt A. 804. von leide vnn ungebaren A. 805. inē die gelider S. 806.
dar fehlt A Oberl. Gl. J. si uieleut alle dar nider S. 808. worte si ge-
wan J. si do gewunnen S. 809. fehlt J. 810. ihesvm crist A. jesū crist
J. jhūs x͞p͞c͞ S. 811. gervochete A. gerûch J. gerûchte sich ze erbarmeu S.
812. sich fehlt J S. 813. muoste A J. weden J. vnd er iñ wôlte w. S.
814. helff richen J. helflenberenden S.

815. ir schaden und ir ungemach.
diu stimme zuo in aber sprach
in einem lûten schalle
'gânt und suochent alle
den menschen hie bî dirre vrist
820. der gotes kneht von himel ist
mit senften und mit reinen siten.
für alle die von Rôme biten
sol sîn heiliclicher munt.
ich wil iu tuon sîn ende kunt
825. vil gar mit offenlicher sage.
er sol verscheiden ame tage
an dem durch alle menscheit
got die marterunge leit.'

Des mæres wurdens alle vrô.
830. si giengen ûz dem münster dô
mit enander in die stat.
des si die gotes stimme bat,
daz tâten si gemeine.
den gotes kempfen reine
835. den suochtens an den stunden,
den si dâ niender funden
in der schœnen veste wît.
zuo dem münster aber sît

---

816. aber zû jn J. aber zû inen S. 817. in einer luterre A. in einē richē sch. S. 818. gent A. gänd vss J. 819. in dirre J. hie fehlt S. 822. rom S. 823. hailig- mūd J. heiliger mund S. 824. vch tuon senden kvnt A. uch, sîn ende fehlt J. uch S. 825. mit offenbar sache J. 826. an dem tage A S. an dē tagē J. 827. durh A. dur alle die mēschait J. mòntscheit S. 828. In A kein grosser Buchstabe. die marter J. die marter durch ûns leid S. 829. der māre J. der mere wurdent si alle fro S. 831. mit ein andren S. 832. Des do gottes mīme batt J. als si (nicht, wie Pfeiffer hat diu stimme gotes) S. 833. tätens si J. datten si da S. 835. den fehlt J S. sûchtē si da an der stunde S. 836. nienan J. niena S. 837. schonen A. vesti S.

giengen si mit hôher klage.
840. reht an dem stillen vrîtage
kâmen si dar în gezoget.
des wart der hôhe himelvoget
vil tiure dô von in gemant.
si vielen ûf ir knie zehant
845. und bûten algemeine
den werden got vil reine
daz er in lieze bî der stunt
werden offenlichen kunt
wâ man den menschen solte
850. suochen den er wolte
verscheiden lân des morgens vruo.
dô sprach diu stimme in aber zuo
in eime süezen dône lût
'den menschen heilic unde trût,
855. des got dâ wil geruochen,
den sult ir alle suochen
· in Eufêmîânes hûs.
sunder vorhte und âne grûs
kêrent dar bî dirre stunt,
860. sô wirt er in vil schiere kunt.'

Alsus begonden si dô gân
für den helt Eufêmîân;

839. giengët si mit grösser klag- J. hocher clag S. 840. stille A.
fritag J S. 841. komë dar jn gezogen J. kament si dar in gebogt S.
842. da w. d. hoh himmel v. A. hoh himmel v. Ob. Gl., himelvogt S.
himel c o gt J (= himelvogt. Haupt giebt himelbogen an). 843. da von
im A. dô fehlt (bei Haupt nicht angemerkt), genant J. vil tûre von in
do ermant S. 844. knůw S. 845. alle gemeine S. 847. inen S. 848.
offelichen A. 849. wo A. man fehlt J. 850. Sölte (Haupt unrichtig
Böltë) sůchen der er wolte J. lon J (von Massmann falsch gelesen) lon
A. 852. in die stime aber A. iu fehlt J. 853. ainem J. einem S. tone
A. S. 855. den J. 856. sond J. sant ir da S. 857. Evfamianes A J.
emfemianus S. 858. und fehlt, öne J. ane fuerht vů an gr. S. 859. by
der st. S. 860. voh A. ůch, schier J S. er fehlt, vil fehlt S. 861. da A.
begůdent J. 862. held eufamion J. herrë emfemiā S.

dem sprâchen si dô alle zuo
'vil rehte entsliuz uns unde tuo
865. mit rede kunt die wârheit.
warumbe wart uns niht geseit
daz diu vil hôhe sælde was
dû heime in dîme palas
von der uns hie gesaget ist?'
870. 'ir herren', sprach er, 'wizze Krist,
mir ist verborgen diu geschiht,
wan ich enweiz darumbe niht
sô grôz als umb ein kleinez hâr.'
hie mite kêrte er sich für wâr
875. ze sîme tiursten knehte.
er sprach 'nu sage mir rehte,
weist du von disen dingen iht?'
'nein, ich, herre' sprach er, 'niht.
mir ist der sachen bilde
880. gar seltsæn unde wilde.'

Von dannen giengen si dô gar
und kêrten zuo dem hûse dar
darinne Eufêmîân dô was.
die keiser beide, als ich ez las,
885. die rœmisch reht behielten
und dô des rîches wielten,

---

863. da A. dē si do sprachend alle zů J. zů dem sprachent si do alle zů S. 864. uns fehlt J. vil reiner entschlůss vns uff vū tů S. 865. worheit A. Oberl. Gl. red J. úns kunt S. 866. warvmb J. warum̄ S. 868. dem A. wz da haim jn dē palast J. dinem S. 869. gesagt S. 870. crist A. Ob. Gl., hre J. wise S. 872. wais J. dar umē S. 873. umb fehlt J. kleinez fehlt S. 874. er fehlt, verwar A. kert J. 875. zuo A. sinē J. ze sinem tor knechte S. 876. sag J S. 878. Nain ich sprach er h're niht J. nein sprach er herre nicht S. 879. sache J. 880. selzene A. gar wilde J S. 881. giegen A. 882. hus J. 883. da inne A. eufamion J. dar inne do enfemianus was S. 884. da beide, ich fehlt A. Der kais bald als J. 885. romesche A O. rŏmsches J. die das rŏmsche riche hieltent S. 886. wieltent J. und doch des rechten wieltent S.

        die giengen sunder schallen
        mit den burgern allen
        dar si got selber kêren liez.
890. Arcadiûs der eine hiez,
        der ander hiez Hônôrje.
        mir seit diu wâre istôrje;
        ez giengen mit in ouch alsus
        der bâbest Innocentîus
895. und manic hôher kardenâl.
        Eufêmiân dô sunder twâl
        sîne knehte sante er vür
        und hiez nâch edeles herzen kür
        daz hûs vil drâte wieren
900. und nâch dem wunsche zieren
        mit aller hande rîcheit.
        vil manic teppit wart gespreit
        ûf die benke in sîme sal.
        ouch wurden kerzen über al
905. dar inne schône enbrennet:
        durch daz würde erkennet
        des wirtes guoter wille gar.
        und dô diu manicvaltec schar
        was in daz hûs gemeine komen,
910. dô wart ein stille dâ vernomen

---

887. schalle J. 888. burgen alle J. burgeren allē S. 889. selbe, kêren fehlt A. koūē J. 890. archadius A J S. 891. honorge A. Onorie S. 892. hystorie J A S. vns, wâre fehlt J. vns S. 893. giend J. gieng S. 894. bapst jnnocēcius J. babst Jnnocencius S. 895. mūger J. manger hocher cardelan S. 896. Eufemiam da A. Eufamion do sūder zwal J. sunder wan S. 897. mit sinē knechtū jlte für J. sinen knecht sant S. (nicht, wie Pfeiffer hat, sante fvr). 898. edels A J. hies in nach S. 899. nnt däte vieren J. lauieren S. 900. wnsche A. Oberl. Gl. vñ gar nach wūschū J. 902. teppig J. bett wart da bereit S. 903. sinē J. sinem S. 904. wirden A. wurdont J. wurdent S. 905. schon J. dar inn gar schone S. 906. wirde A. fehlt J. das da wurde S. 908. da, valtig A. da S. 909. was fehlt, Vff in J. was in ein komē S. 910. da A.

und ein swîgen under in.
den wirt den nam besunder hin
ein knappe biderbe unde vrum,
der alle zît Alexîum
915. het in der stæten huote sîn.
der mensche sprach dô 'herre mîn,
des ich gepflegon hân dâ her,
daz ist entriuwen lîhte der
den ir suochent, wæne ich, hie.
920. vil starkez wunder hân ich ie
bekennet an im und gesehen.
ich muoz iu des von schulden jehen,
daz er binamen heilec ist.
wan ich sach in alle vrist
925. den lîp vil marterlichen queln.
ich wil iu grôzen kumber zeln
dar în der sælig ist getreten.
wachen, vasten unde beten,
siufzen, trûren, weinen,
930. daz spürte ich an dem reinen
alle zît und allen tac.
sîn leit ich niht durchgründen mac
alhie mit endelicher sage,
wan iemer an dem sunnentago

---

912. Der wirt der J S. jn J. 913. vrom A. Den knabn biderheu
vnd from J. e(s?)inen knabe S. 914. zit fehlt J. 915. hete A. het fehlt.
jn der statt hûte sin J. hatte in der hûte sin S. 916. sprach er h. m. A.
sprach o li're m. J. môntsch, dô fehlt S. 917. pflegen S. 918. enttrü-
wen J. 919. suochent wen ich hie A. da sûchend wollend hie J. welleut
S. 920. starke wunders ye S. 921. vñ han gesechen J. bekennent vnd
an imē da geschechen S. 922. vch A. uch, des fehlt J. uch das S. 928.
heilic A. hailig J. heilig S. by namen S. 924. sag A. 925. der l. v.
martellichen A. mart'lich zwellen J. quelen S. 926. vch A. uch, zellē J.
uch, zellen S. 927. sälig- J. selig S. 929. vnd wainen J. sunfzē truren
vñ sennē S. 930. spür, demo reine A. spurt, an dē vil rainē J. spurt S.
931. tage A. alle tag J S. 932. dvr grvnden A J. 933. endeliche A.
endlich' sag- J. 934. wö je an J. wann au dem nôchsten sunnentag S.

935. enphâhet er (waz sol des mêr?)
den gotes lîchamen hêr.'

Eufêmîân der mære
wart sêre vroüdebære,
wan er mit willen si vernam.
940. für daz bette er schiere kam
ûf dem Âlexîus dô lac.
für wâr ich iu daz sagen mac
daz er in dâ tôten vant
und einen brief in sîner hant
945. den er geschriben hæte vor.
daz tuoch daz huop er im enbor
dâ mite er lac verdecket.
und als er was enblecket,
dô schein sîn bilde, wizzent daz,
950. durchliuhtic als ein glasevaz
in dem dâ ist ein lieht enzunt.
er lac dâ bî der selben stunt
blüejende als ein rôse vrisch.
sîn varwe diu was engelisch
955. und ouch daz antlitze sîn:
diu beide gâben liehten schîn.

---

935. Enpfieng er wz sol dz mär J. empfieng er wz sol ich uch
sagen mere S. 936. getos A. frönlichame J. lichä herre S. 937. S roter
Initiale. Eufemiam dem mere A. Eufemion J. 938. vroeide A. frodnbäre
J. frödebere S. 939. wō er mit willn J. wan mit willen er A. 940.
schier J S. wan mit willen er A. 941. da A. 942. vch A. uch J. iu fehlt S.
943. dott (tod J.) da liggen (ligen J.) J S. 944. ain brieff J. vnd hatt ein
brief S. 945. hate A. hette J. den er da hatt geschribē vor S. 946.
Das zweite daz fehlt, er vff enbor J. das tůch hůb er uff enbor S. 947. dar
mit er da lag verdecket S. 948. enplecket A. O. Gl. Do er ward enble-
ket J. wart entpleket S. 949. sein b. A. Oberl. Gl. sin lib wissent, daz
fehlt J. im̄ sin lip wüssent das S. 950. dvrhluchtig, glaze A. glas, vaz fehlt
J. 951. dâ fehlt, ein lieht ist A J. da fehlt, in dem ein liecht entzündet
ist S. 952. dâ fehlt J. er sach in bi d. s. st. S. 953. blveiende A. Blügend
J. blüient S. 954. diu fehlt, engelilich A. engelschlich J. 955. antliz A.
antlit sine J. antlit sin S. 956. schine J.

Der vater sîn, Eufêmîân,
wolt im den brief genomen hân
den er hæte in sîner pfliht.
960. seht enmohte er in dô niht
gebrechen ûz der hende sîn.
dâ von sô leit er hôhen pîn
unde erschrac vil sêre.
mit sneller umbekêre
965. gienc er ze sînen gesten wider.
zuo den allen sprach er sider
'got, der wil unser ruochen;
den menschen, den wir suochen,
ich wæne ich den hân funden.
970. er hât bî disen stunden
genomen hie sîn ende.
ein brief in sîner hende
lît besigelt und behaft
den ich mit aller mîner kraft
975. nie mohte drûz gewinnen.
gescheiden ist von hinnen
sîn heilic sêle reine.'
sus giengen si gemeine
mit im alle dâ zehant
980. für daz bette dâ man vant

957. eufemion J. 958. hon J. 959. hete A. hett J. hatt S. 960.
eht, in fehlt A. Secht do mocht er jn niht J. Secht do mochte er i͞m i͞n
nicht S. 961. in gebrechen A. hande J. 962. grosse pin J. hoche pin
S. 963. Vnd er schrak J. von er erschrac A. vnd erschrak S. 964.
v͞mekere S. 965. zuo A J. zů sinem gesinde S. 967. gvot A. got wil
ůns enrůchen J. gerůchen S. 968. den mon͞tschen den wir da suochent
S. 969. ich wene ich den h. A. Ich wen ich den hab fůden J. ich
wene ich habe inn funden S. 973. uersigelt S. 974. minen OberL Gl. 975.
moht, drûz fehlt J. nie moht dar us g. S. mahte Oberl. Gl. 976. hinnan
J. 977. sälig s. J. heilige S. 978. Do gingēt J. giengent S. 979. Mit
enander do z. J. mitt i͞m alle zehant S. 980. do J. bett, man vant
fehlt S.

Âlexîum den klâren.
die zwêne die dâ wâren
gebieter in der grôzen stift,
die wolten den brief und die schrift
985. vernemen unde schouwen dâ.
si sprâchen wider in alsâ
'swie wir sünder sîn genant,
sô müezen wir doch disiu lant
berihten und die crône.
990. ouch ist der bâbest vrône
ein vater al der kristenheit.
got hât gewalt an in geleit
über man und über wîp.
dâ von sô lâz in, sælic lîp,
995. enpfâhen von der hende dîn
den rodel und daz brievelîn
daz behaft dar inne lît.
verhenge daz bî dirre zît,
daz man gehœre und ouch gelese,
1000. waz dar an geschriben wese.'

Nu dise rede was beschehen,
dô wart ein zeichen dâ gesehen
daz got in allen tet bekant.
entslozzen wart sîn heilec hant

---

982. warond J. 983. schönen gestift J. hochen stift S. 984. woltent, den und die fehlen A. geschrift, den und die fehlen J. geschrift S. 985. do J. 986. also J S. 987. Sid wir J. wie wol wir S. sint A J S. 988. mveze A. müsend J. müssent S. 989. vnd des riches trön J. vnu bevriden schon A. vnd des riches cron S. 990. werde b. vron A. werde bapst frön J. werde babst fron S. 991. cristenheit A. aller cr. J S. 992. den gew. A S. 994. las ein A. darum̄ so lass du seliger lip S. 997 u. 998 umgestellt J. 998. das J S. by der zit S. 999. man und ouch fehlt J. man gehörte vnd öch seche S. 1001. Nvn do dise red J. do nu die rede wz geschechē S. 1002. da w. A. 1003. erkant A. 1004. heilic A. Den brieff den er hett ju d' hand J. das entschlossen wart sine hant S.

1005. wâ der brief lac inne dô.
mit disen dingen und alsô
gienc der bâbest lobesam
dêmüeteaclichen unde nam
ûz der hende sîn die schrift.
1010. dar nâch dem schrîber von der stift
winkt er mit zühten unde rief;
er hiez in lesen dô den brief.

Der schrîber der hiez Êthîô;
von dem ein swîgen schiere dô
1015. geschehen in dem hûse was;
den brief bediute er unde las
bescheidenlichen ûf ein ort.
und als Eufêmîan diu wort
des brieves hœte erhœret,
1020. dô wart vil gar zerstœret
diu vröude sînes herzen.
vil angestbære smerzen
begunde er üeben alzehant.
von strengen sorgen im geswant
1025. daz er in unmaht niderviel.
vil manic heizer trahen wiel

1005. Da lag jne do J. da der br. S. 1007. ging der bapst J. gieng der babst lobesan S. 1008. temveteclich A. Demůteklich vnde J. demůttenklichen vnd kam S. 1009. geschrift J. vnd nam im uss siu' hande die geschrift S. 1010. der sch. A J. 1011. winket er A. winkt er vnde růft J. 1012. da A. dô fehlt J. Nach 1012 schiebt S 12 Verse ein. 1013. Das zweite der fehlt A J S. echeo J. Grüner Initiale in S. 1014. schier J. von den lůtê ein schwigen do S. 1015. erschen J. 1016. betütet, er fehlt A. tett er vff vn las J. bedutte er S. 1017. fehlt J. vncz uff S. 1018. evfemiam A. eufamion J. enfemiä S. 1019. hate erhoret A. hett erhort J. hatte erhoret S. 1020. da, zerstoret A. z'stórt J. 1021. vroide A. fróde J S. 1022. jamerlichū J. angstberen S. 1023. begvnd er A. Begond er J. begont volbringë S. 1024. worte J. 1025. daz er vor vngemach dar nider uiel S. 1026. vil mëgë haissen trähen er da lie J. vil manger heisser trecher wiel S. harter A. herter Oberl. Gl.

ûz sînen ougen lûterlich.
und als er ûf gerihte sich,
dô brach ûz sîme hâre
1030. der edel und der klâre
vil manegen ungefüegen loc.
er zarte mantel unde roc
vil sêre und ouch vil harte.
bî sîme schœnen barte
1035. reiz er im selben unde zôch.
der herre von geburte hôch
lûte und marterlîche rief.
sîn herze in houbetsorgen tief
gar mit grôzem jâmer wiel.
1040. ûf den tôten er dâ viel
erbarmeclichen unde sprach
'wê mir hiute und iemer ach
daz ich zer werlte ie wart geborn!
herre und sun mir ûz' erkorn,
1045. den ich tôt hie funden hân,
warumbe hâst du mir getân
sô bitterlichez trûren schîn?
durch waz hâst du die sêle mîn
betrüebet gar ze grunde,
1050. daz du sô lange stunde

1027. vsser sinen ögē bitterlich S. lviterlich Ob. Gl. 1029. da, linden hore
A. Er brach vss sinē J. do röft er us sin hare S. 1030. clare A J S. 1031.
maugen A. mēgen J. mangē S. 1032. es J. zerzarte S. 1033. fehlt J. 1034.
vss sinē J. sinem S. J schiebt vor 1035 ein: Dz har mit der schwarten.
1035. Röft J S. im] sich A J S. selber A J S. 1036. hoh J. 1037.
martelliche A. mart'lichii rüft J. marterlichen S. 1038. in den sorgen A.
ju höbtsorgeu J. in ganczen sorgen S. 1039. So vast ju jamer viel J.
fehlt S. 1040. vff den töten lib er vil J. so mit iamer vnde viel vff
den dotten libe S. 1041. Erbarmherczeklich J. gar erbermklich S. 1043.
welte A. welt J. ze der welt S. (ie auch in J.) 1044. vzzerkorn A.
mir fehlt J. sun vil usserkorn S. 1045. hie tod J. 1046. warvmb J.
waruii S. 1047. bitterlichen A. bitterlichē J. bitterliches S. 1048. dvrh
A. dur J S. hastū S. 1049. zuo A. hin ze J S.

in mîme hûse wære
und du niht offenbære
dich mahtest mînen ougen?
diu rede ist âne lougen,
1055. daz du mir hâst ze herzen
vil siufzen unde smerzen
gesenket alliu mîniu jâr.
ich wânde stille und offenbâr,
daz ich gesæhe noch die stunt
1060. daz du mir lebende würdest kunt
und ich hœren solte dich.
nu hât ez sô gefüeget sich
daz du mir keine antwürte gîst
und nu vor mînen ougen lîst
1065. tôt ûf eime bette swach.
von schulden muoz ich sprechen ach
und wâfen schrîen iemer.
von leide sol ich niemer
enbunden werden noch erlôst.
1070. wâ vinde ich armer solhen trôst
der noch mîn herze ergeile
und al die wunden heile
die durch dînen willen sint
dar în gehouwen, liebez kint?'

1051. minē J. minen S.   1052. vnd da mit offenbare J. vnd dz nit S.
1053—1058 fehlen J.   1053. vor minen ögen S.   1054. lögnen S.   1056.
vnd vil schmerczē S.   1057. allv mine A. alle mine S.   1058. still S.
1059. Dz ich gesach noh nie stūd J. secche S.   1060. wirdest A. lebēdig
werdist kūt J. lebent wurdest S.   1061. hörren S.   1062. Nvn hett es
sich g. s. J. hast es suss S.   1063. antwirte A. kain antwurt J. das du
kein antwirt mir gist S.   1064. vnd du J S.   1065. ainē J. einem S.
1066. jehen J.   1067. von vaste A. waffen schrigen J. waffen schr. yemer
me S.   1068. fehlt J. leid, uiemer me S.   1069. gebvnden werden nach
erlast A. entbunden w. vū e. S.   1070. solichen A. Ob. Gl. sölichen J.
arme semlichen S.   1071. Dar nah min h'cz e. J. dar nach min hercz e. S.
1072. alle die wuden A. alle die J S.   1073. durh A. dur J.   1074. dar
in fehlt, mir wordū l. k. J. dar in gegossen S.

[V. 1069—1092]

1075. Die klage treip Eufêmiân:
vil trûrens wart von im getân
umb des tôten herren lîp.
sîn muoter, daz vil reine wîp,
dô si vernam diz mære
1080. daz ir sun dâ wære
tôt funden zuo dem mâle,
dô wart ûf grimme quâle
gereizet ir vil kiuscher muot.
si tet alsam der löuwe tuot
1085. der sînen schaden richet
und daz netze brichet,
dar în er ist gevallen.
vor den liuten allen
begunde si zerschrenzen
1090. ir kleider und engenzen
ir wât unmâzen tiure.
diu süeze und diu gehiure
leite ûf klage ir hôhen vlîz.
enpflohten von ir henden wîz
1095. wart ir sîdîn valwez hâr.
ir ougen lûter unde klâr
warf si ze himele unde schrei
sô lûte daz ir möhte enzwei

1075. Evpfemiau A. eufomion J. enfemian S. Roter Initiale in S. 1076. v. trurē ward vō jn g. J. vil wunders S. 1077. vmbe A. fehlt J. vm̄ S. J schiebt nach 1078 ein: Versank jr hercze sit. 1079. da A. die m. J. 1080. die māre J. dise mere S. 1081. den A. 1082. da A. uss grim̄em S. 1083. ju vil kûnsch' mūd J. gereisset ir uil hocher mût S. 1084. alz am der lowe A. Oberl. diatr. u. Gl. als S. 1086. riet zerbrichet A. Oberl. diatr. u. Gl. necz zerbrichet J. S. 1088. alle J. 1089. begonde S. 1090. Ir klaider als jr gezem J. entgenczē S. 1091. ir wart vnmaze ze stvre A. jr ward J. ir frōd wart u. t. S. 1092. die die sússe S. 1093. vff clag leitte iren hocheu flis S. 1094. irn A O. Entflochn̄ J. entflochtē S. 1095. sidn̄ farwes hare J. siden falwes S. 1096. clare J. vnd dar S. 1097. zvo himel A. himel J S. 1098. mochte A. mōcht J. lut, entzwey S.

[V. 1093—1114] daz herze sîn gespalten.

1100. die jungen zuo den alten
brâhte si ze leide.
ir blanken hende beide
diu schœne marterlichen want.
dô si ir rûmes niht envant

1105. vor der manicvalten schar,
daz si möhte komen dar
zuo des tôten bette wol,
dô rief diu vrouwe jâmers vol
und sprach mit jâmers schalle

1110. 'nu stânt ûf bôher alle
durch got von himelrîche
und helfent mir gelîche
daz ich mîn leit beschouwe
und ich vil arme vrouwe

1115. mîn liebez kint gesehen müge.
den sun der innenclichen süge
mîn herze und mîniu brüstelîn,
den lânt mir hiute werden schîn
durch daz ich in geweine.'

1120. sus trâten si gemeine

1099. z'spalten J. ir herez sin zerspalten S. 1100. zuo der, korri-
giert aus vnn die A. vnd die J S. 1102. blaiken J. 1103. Da sch. J.
1104. Vnd do si jr libes nit enpfand J. vñ do si iren gemachel nit er-
uant S. 1105. manigvalter J. 1106. mochte A. Das si nit komē moch-
tend dar J. 1107. bettē also J. 1108. Do rûft si frowe j. v. J. do
rûfte die frôw j. v. S. 1109. jam' schalle S. 1110. nv stent vf hohen
alle A. Nvn stönd vff jr h'ren allv J. nü stand vff ir herrē alle S.
1111. dur J. 1112. gliche A. 1113. geschowe J. geschöwe S. 1115.
lebez A. mug J S. 1116. svnn A. sugin J. den sun fehlt, den ñuñenk-
licheu der da süge S. 1117. mîn herze vnn min brvstelin A. Min herez
vñ minū bristelin J. min herez vnd (neue Spalte) vnd öch min brüstelin
S. 1118. Den lond mir hut w. sch. J. 1118—1167 fehlen S. Nach
1118 schiebt J ein: wö ich bin die mûter sin. 1119. dvrh A. Dvr dz
ich jn waine J. 1120. trurten (u, wo sonst gewöhnlich v) A. tätend J.

   ûf hôher unde liezen dar
   die vrouwen aller wunne bar
   kêren zuo dem bette.
   des wart von ir enwette
1125. geweinet unde enwiderstrît.
   si viel dâ nider an der zît
   ûf den tôten jungelinc.
   si tete jæmerlîchiu dinc
   und angestbærez ungemach.
1130. si rief erbarmeclichen 'ach,
   sun lieber unde wol getân,
   durch got, wie hast du uns gelân
   mich armen und den vater dîn
   daz du sô lange bist gesîn
1135. in unser zweier hûse hie
   und daz du doch darunder nie
   dich woltest uns erscheinen?
   du sæhe uns nâch dir weinen
   und ze herzen dicke slahen.
1140. wir guzzen manegen herzen trahen
   durch dîne leide hinevart,
   alsô daz uns von dir nie wart
   geseit daz du wær unser kint.
   wir wâren leider alsô blint
1145. daz uns betrouc dîn bilde
   und uns din leben wilde

1121. böhe, liessent J. 1122. vrowe A. Dis frowlin J. 1124. jn wette J. 1125. g. vaste wider strit A. 1127. jügling J. 1128. stalte J. 1129. jn angstliche u. J. 1130. Si rüft erbärmdherezklich ach J. 1131. vnd öch wol J. 1132. Dur, uns fehlt J. 1133. von mir von dem v. d. A. 1133 und 1134 folgen in A umgekehrt. Die riohtige Reihenfolge ist aber durch Vorsetzung der Buchstaben b und a wiederhergestellt. 1133. mich arme J. 1185. Bi vns ze waine vn̄ also hie J. 1136. darvnde A. 1138. sächt J. 1139. hercze dik schlachen J. 1140. wir gussent mangen herzen trahen A. Oberl. Gl. wir v̓gussen mēgen trähen J. 1141. laide hin uart J. 1142. alz A. nie von dir J. 1143. wær feblt J. 1144. alz A. warēt J. 1145. betroic A. betrög din bild J. 1146. Das vūs d. l. also wild J.

[V. 1141—1166] was in allen stunden.
wir beide niht enkunden
erkennen dich ze rehte.
1150. dâ von dir unser knehte
buten manege smâcheit,
daz vil gedulteclîche leit
dîn herze und dîn vil heilic lîp.
ach unde wê mir, armez wîp,
1155. daz ich gewan mîn leben ie!
durch waz hâst du geworben hie
sô griuwelîche, herre mîn,
daz du mir und dem vater dîn
verswige dîn geverte?
1160. wie mohtest du sô herte
gesîn, vil herzeliebez trût,
daz du dich stille und überlût
vor uns beiden hæle
und in der nœte quæle
1165. daz dich dîn eigen hoveschar
brâhte zeime spotte gar.'

Mit disen worten und alsô
klagete diu vil reine dô
ir sun getriuwelichen gar.
1170. dar unde dar und aber dar
viel ûf in daz erwelte wîp.
dick über sînen tôten lîp

1147. ward J. 1148. entbüden J. 1149. Bedenkn nit ze recht J. 1150. knecht J. 1151. bvttent mange sm. A. buttēt menge J. 1152. Das du gedulteklich l. J. 1153. vil auch bei J. 1154. vnd owe J. 1157. fehlt J. 1158. daz du mich und den v. d. J. den vater A. J schiebt ein: Nie lieste werdñ schin. 1159. Vnd v'schwigen häst din geuerte J. 1161. hercz liebes kind J. 1162. du mäire vnsäglich sind J. 1163. vor vns baidn nåmbd häbe J. 1164. qwale J. 1165. eigin A O. 1166. brahten zuo eime sp. g. A. hie brüchte zū jrem spotte gar J. 1167. alsus J. 1168. fehlt J. clagte die reine da S. 1169. irn svn vil getruwelichen gar A. getrdweklichñ J. jren sun getrülichen gar S. 1170. darum vñ aber dar S. 1171. vzzelwelte A. usserwelte S. 1172. vil dik vff S.

ir arme si dô spreite.
si twanc in unde leite
1175. an ir vil senftez brüstelîn.
sîn bilde in engelvarwen schîn
verkêret und verwandelt
daz wart von ir gehandelt
schône und minnenclîche.
1180. diu süeze tugende rîche
dar ûf vil manegen trahen gôz
der ûz ir liehten ougen vlôz
vil inneclîche hin ze tal.
diu guote kuste in über al
1185. an siniu wunnenclîche lider.
si rief eht aber schiere sider
zuo den liuten unde sprach
'ir alle die mîn ungemach
hie sehent unde wizzen,
1190. ir sint darûf gevlizzen
daz ir mit mir weinent
und grimme klage erscheinent,
durch daz erbermeclîche dinc
daz dirre tôte jungelinc
1195. bî mir sibenzehen jâr
ist gewesen offenbâr

1173. da A J. dô fehlt, zerspreitte S. 1174. Si nam J. zwang S.
1175. An jrn vil rainë brütelin J. 1176. si b. in gelwer varwe sch. A.
engel farwe J. engelschlichen S. 1177. verwädlet J. bekeret vnd ver-
wandlot was S. 1178. Des ward er gehandlet J. von ir da gehandlet
bas S. 1179. So vnd m. J. schou vū miunēklichē hie S. 1180. dugēt J.
die schöne vū die tugentriche S. 1181. maugen A. Dar vss vil mēgen
treben göss J. mangē trechen S. 1182. ir fehlt J. claren S. 1183. mmēk-
lichen J. minneuklichen S. 1184. kvst A. Die gût die kust J. die gottes
küsche vberal S. 1185. würeklichen J. gelider S. 1186. Si rieft ach a.
sch. wider J. Si rûfte aber schier wider S. 1189. h. sehed vnde wissend
J. h. sechent vū wuissent S. 1190. jr sind gar g. J. 1192. grime A J.
clag J S. 1193. erbarmecliche A. erbärmdliche J. erbermklicbe S. 1194.
jūgling J. jüngling S. 1195. sibenzehen zehen iar A. 1196. ist da g. S.

[V. 1191—1214] unde mich darunder nie
gewizzen noch vernemen lie
daz er was mîn einic kint.
1200. nu merkent ·alle, die hie sint,
daz wunderlîche wunder!
den ich hân besunder
gesöuget an der brüste mîn,
daz der sô herte mohte sîn
1205. daz er sich ie vor uns gehal.
von sînen knehten über al
hât er erliten smæhen schimph.
wan si begiengen ungelimph
an im (deist âne lougen).
1210. si spîten under ougen
dem ûzerwelten allen tac.
dâzuo wart er ûf den nac
von ir henden hie geslagen.
begozzen ist er und getwagen
1215. vil harte dicke mittem labe
daz vil maneger schüzzel abe
wart gespüelet hie ze hûs.
nu sehent, die marter und den grûs
leit er gedulteclichen ie
1220. sô daz er uns geseite nie

1197. Vnd er mich da wider nie J. vnd er mich darū̄ nie S.
1198. geschwigū̄ vnd v'nemē hie J. 1199. was fehlt, sinig J. eigē S.
eines A. 1200. maerkent A. merkūt J. 1201. Dis J. diss wunderlich
ding S. 1202. Das J S. 1204. möht J. 1205. von A. O. Gl. v'hall J.
hie, uerhal S. 1206. vor S. 1207. swerin A. gelittñ smæchē J. gelittē
schmechen S. 1209. daz ist A. dz ist öne lögen J. das ist S. 1210. sv
spibeten im in die ougen A. Si spigten im J. si spuwent im vnder sin
ögē S. 1211. alle tage J. alle tag S. 1212. Dar zuo, vö den nake J.
darzû wart er uff sinen nak S. 1213. irn A. iren S. 1214. getwahen
A. O. Gl. bezwagñ J. betwagen S. 1215. wil Ob. Gl. mit dem A. O. Gl.
mit ir J. dik mit dem S. 1216. manger schusseln A. Ob. Gl. mēger J.
dz manger schússlen S. 1217. gespulet A. gespuilet Ob. Gl. hic vss J. 1218.
secht J. sechent S. 1219. Dz laid er J. gedultenklichen hie S.

von sîme dinge ein wörtelîn.
wer ist, der nu den ougen mîn
wazzer mit genühte gebe,
durch daz ich al die wîle ich lebe
1225. tac unde naht beweine
daz jâmer niht ze kleine,
daz an im beschehen ist.
ich armiu sol ze keiner vrist
vinden alsô rîchen trôst
1230. daz von sorgen werde erlôst
mîn jâmerhaftez herze.
leit unde grimmer smerze
muoz dar inne sîn begraben
die wîle ich mac daz leben haben.

1235. Dô disiu klage ein ende nam,
geslichen dâ diu schœne kam
diu sîn gemahel was gesîn.
diu liez ouch marterlichen pîn
an ir lîbe schouwen.
1240. man sach die werden vrouwen
mit rîchem purpur wol bekleit.
ir innenclichez herzeleit
wart sô klagebære
und alsô grôz ir swære,

1221. sinē dingñ J. sinem S. 1222. wer ist nū der S. 1223. ge-
nucht gēbn J. 1224. alle die wil ich lebñ J. durch dz alle die wil ich
lebe S. 1225. geweine S. 1226. zuo A. nit so kleine S. 1227. Das an
mir gesechen ist J. geschechen S. 1228. zvo A. zů S. 1229. also A.
1230. werd J. 1232. grimmē smerczñ J. grūnen schmerczē S. 1233. in
A. můs ich tragē an minem herczē S. 1234. die wil vñ ich mag leben
S. 1235. nv (mit kleinem Aufangsbuchstaben) dise clage ein ende habe
A. klag- J. do nū diser red ein end wart gebē S. A schiebt ein: Nv
(mit grossem Anfangsbuchstaben) alz ich vernomen han A. 1236. schoen
A. Beschaidenlich do d. sch. k. J. do kam gegangen die uil arme reine S.
S schiebt ein: mit sunder clag si sich erscheinde. 1238. martellichen A.
mart'lich pin J. vil mart'liche pin S. 1239. irem lip S. 1241. purpul A.
pfeller S. 1242. minnenkliches S. 1243. klagebāre J. 1244. alz A. ir
fehlt J. vnd so g. ire schwere S.

1245. ez möhte got erbarmen.

si sprach 'owê mir armen

daz ich gewan mîn leben ie!

wie bin ich hiute komen hie

ze leides ungewinne,

1250. sît daz ich mîne minne

und mînen vriedel hân verlorn!

den ich ze vriunde hæte erkorn,

der ist mir leider hie benomen.

ich bin getreten unde komen

1255. vil gar in leides orden.

ein witewe bin ich worden

und âne trôst verlâzen.

kein trûren sol sich mâzen

ze mîner grimmen herze klage.

1260. von schulden muoz ich mîne tage

erbermeclîche weinen,

wan ich enhân dekeinen,

den ich von herzen gerne sehe

und dem ich holdes muotes jehe

1265. beid offen unde tougen.

der spiegel mîner ougen

ist zerbrochen sêre.

mîn vröude und al mîn êre

sint versenket und begraben.

1270. vil strenge swære sol ich haben,

1245. mohte A. 1246. owi A. 1248. hutt S. hvte A. hvite Ob. Gl.
1249. zvo A. Ob. Gl. vngewune J. jn leides vn gewunne S. 1250. min
S. 1251. vriesel A. Ob. Gl. 1252. hett J. ze fröden hatt S. han A.
1254. vn bin k. S. 1256. wittewe A. witwe J S. 1257. vnd ön tr.
v'laussen J. 1258. kain truwe (nicht riuwe) sol ich mässen J. sol ich S.
1259. zuo m. grimmer A. grime h'czu klag- J. herczen clag S. 1260.
klag J. vo schade m. i. m. tag S. 1261. Erbarmherczeklich J. erbermk-
lichen S. 1262. wo ich han d. J. wann ich han d. S. 1264. Vnd de
hohes mutes jehe J. vnd dem ich da huldes (?) mulge jechen S. 1265
bis 1266 fehlen J. 1265. vnd öch t. S. 1268. vroide vnn alle A. mit
fröden vnd alle mine ere S. 1270. v. st. schwere S. v. st. tage A.

diu mir ân ende wirt gegeben.
die wîle daz ich hân daz leben,
sô muoz ich sîn an vröuden tôt
durch daz jâmer und die nôt,
1275. daz ich stille und überlût
vor mir sach mîns herzen trût
und ich des niht erkande.
owê vil maneger hande
leides daz mir ist beschert!
1280. an vröuden ich muoz sîn verhert
und iemer lebende sterben.
mîn wunne sol verderben
und al mîn rîche zuoversiht;
wan ich vil arme enruoche niht
1285. daz mir liebes ist beschehen
† und man mich iemer vrô gesehen,
sît ich hân mîn liep verlorn,   [V. 1259—1264]
daz ich ze vröuden ûz erkorn
hæte mir aleine
1290. für al die werlt gemeine.'

Durch den vil klagebæren pîn,
der dâ geschah an disen drîn,

1271. dv mir armer sint gegeben A. die mir ane ende wirt ge-
geben S. 1272. wil A. die wil dz ich mag leben S. 1273. vroiden A.
so mûs ich sin arme ane fröden dott S. 1275. still S. 1276. seche
mines S. 1278. manger S. 1279. l. das ist mir beschechen S. 1280. vroiden
A. fehlt S. 1281. lebene A. jn leide mûs ich yemer streben S. 1283. vnd alle
im fröd ersterbē S. 1284. ruoche A. fehlt S. 1285. liebes] leides A. vn
das leid dz mir ist beschechen S. 1286. vnd sol mich niemā me frölich
sechē S. [also beide Verse auch in S, obwohl sie bei Pfeiffer ausgelassen
sind.] Ueber die Verderbnis cfr. Anm. 1287. Sid dz J. sid das S. 1288.
zuo vroiden A. ze fröd hett vsserkoren J. ze fröden hatte usserkoren S.
1289. hete mir alleine A. 1290. für alle die gemaine J. durch alle die
w. g. S. 1291. klagbercn A. Do der vil klagūbare J. S schiebt 20 Verse
ein. 1291. durch die uil cleglichen pin S. 1292. vnd mā sach die sware
J. die da geschach von d. d. S.

[V. 1265—1290] wurden liehtiu ougen rôt.
si weinden al der drîer nôt
1295. ûz innenclîchem herzen.
ir jâmer und ir smerzen
klageten beide junc unt alt.
von rîcher koste manicvalt
ein bâre schiere wart bereit,
1300. dar ûf der tôte wart geleit
und mitten in die stat getragen.
man hiez den liuten allen sagen
daz man den menschen vunden
het nu bî den stunden
1305. der alsô heilic wære.
durch daz vil süeze mære
wart vil manic herze vrô.
die bürger giengen alle dô
der bâre engegen âne spot.
1310. dô liez der ûzerwelte got
vil manic zeichen werden schîn.
wan swer an den geliden sîn
was versêret oder wunt,
der wart vil schiere dô gesunt
1315. swenne er zuo der bâre kam.
vil manic ûzsetziger nam
an sich reineclîche kraft.
und swer besezzen und behaft

1293. wirden liehte A. wurdent uil liechter ögen rott S. auch in J
nicht dô. 1294. alle A. all jr drig'nöt J. alle ir S. 1295. herze A. minnenk-
lichem S. 1296. jra jamer vnd ireu schmerczē J. 1297. klagtend J.
clagten S. 1298. kost J. 1299. schier wz J. 1300. der dotte sichere
wart g. S. 1301. hin durch A. vñ enmittñ jn d. st. g. J. vnd enmittē
in in d. st. g. S. 1304. hette bi disen st. J. hette by den st. S. 1305.
da alz A. 1307. mēges J. 1308. gienge A. die burger alle giengent do
S. 1309. öne allen spot S. 1310. da A. 1311. menig J. wurden S.
1312. wō wer J. wann wer au den gelideren sin S. 1314. da A. schier
J. da S. 1315. eweñ J. wenn S. swen A. 1316. v. mani uzzetziger man
A. menig vssezig man J. v. m. ussetziger man S. 1317. fehlt J. nam
an sich reinikeit vū craft S. 1318. w' J. vnd wer b. v. beheft was S.

mit dem bœsen geiste was,
[V. 1291—1312]
1320. der wart erlœset und genas
in des vil werden gotes namen.
ouch wurden blinden unde lamen
ir swæren sühte dô genert.
den siechen allen wart beschert
1325. daz si gesuntheit fuorten.
wan swenne si geruorten
die bâre, sô wart in gegeben
kraft und ein vrœlichez leben.

Und dô die keiser sâhen
1330. daz alsô vil geschâhen
zeichen an ir gnuogen,
die bâre si dô truogen
selbe zuo dem münster hin
durch daz heil und den gewin
1335. daz sie müesten werden
gesegenet ûf der erden
von des herren heilikeit,
der ûf die bâre was geleit
und alsô manic wunder tete.
1340. ouch wart der bâbest an der stete

1319. m. d. b. geist wússent das S. 1320. war irloeset A. gelóset
J. S. enthaft S. S schiebt ein: durch die werden gottes craft. 1322. o. wirden
bl. v. lammen A. wurdent J S. 1323. svchten, dô fehlt A. súchten da
g. J. súchten, dô fehlt, generet S. 1324. allen fehlt S. 1325. borhten
A. 1326. wëñē J. wann wenn si m̄ da berûrtent S. 1327. do ward jû
gebñ J. vnd die b. s. w. inē gebē S. 1328. crafft vnn ein vroelichen leben
A. frólich J. vnd fródenriches leben S. 1329. A hat keinen grossen
Buchstaben und S nicht einen Initialen. da A. S schiebt 8 Verse ein.
1329. vnd do das die zwen keyser ersachen S. 1331. zaichñ vor ir ögen
J. genûgen S. 1332. da A. Die bäre die si d. tr. J. do selber trâgent
S. 1333. Selber J. S. 1335. mûstend J. musten S. 1336. gesigelt vff
der erdñ J. geseligett vff der erden S. dirre erden A. 1337. heiligen
• heilikeit A. ĥren sälikeit J. herren heilikeit S. 1338. Dar vff d. b. wart
g. J. 1339. wnder tet A. tett J. dett S. 1340. stet A. stett J S.
bapst J. babst S.

[V. 1313—1334] mit in die bâre tragende.
waz sol hie mê ze sagende?
dô wart ein grôz unmâze
geworfen an die strâze
1345. von silber und von golde rôt,
durch daz den liuten würde nôt
hin zuo dem schatze bî der zît
sô daz si niht enwiderstrît
drungen zuo der bâre.
1350. der heilig und der klâre
wart in daz münster schiere brâht,
dâ sîn vil schône wart gedâht
mit gotelichem ruome.
man sprach in deme tuome
1355. lop unde prîs vil maneger slaht.
im wart gewachet siben naht
mit gesange und mit gebete.
und dô diu woche ein ende hete,
dô was mit hôhem vlîze starc
1360. bereit ein wünnenclicher sarc
von golde und von gesteine.
dar în sô wart der reine

1341. tragen J. mit inen S. 1342. sagenne A. wz ist hie vō me
ze sagen J. was duchte me ze sagende S. 1343. da A J. 1345. von
rotem gold S. 1346. wirde A. ward J. wurde S. 1348. nnt (sic!) hin
wider strit S. 1349. trvngen A. Trûgent J. trungēt S. 1350. hailig J.
heilig S. 1351. sicher brächt J. 1352. Da sin schiere w. g. J. das sin
uil schiere S. 1353. gotlicheme A. gotlichē J. gȯtlichem S. 1354. Vnd
sp. in dé J. dem S. 1355. manger A. mèger schläht J. lob vnd ere uil
mang' schlacht S. 1356. gewahet A. vil menig nacht J. mange nacht S.
1357. mit gesang beide vū mit gebett S. sang, beide fehlt A J. (Dieser
Vers also auch in J.) gebet A. 1358. vnn da die wuche e. e. het
(verbessert aus hat) A. E die woch ain ende nam J. die wuchen e. e. hett
S. J schiebt nach 1358 ein: vnd es jn die statte kam. 1359. da, hohen •
A. ward J. S hat nicht wart nach Pfeiffer, sondern was. 1360. m̄m̄ek-
lich' J. jm̄ bereit S. 1361. gold J S.

mit grôzen êren in geleit.
man bôt im ganze werdekeit
1365. nâch der wâren schrifte sage.
und dô man sibenzehen tage
vertreip des herbstes mânen wol,
dô wart daz grap sô rehte vol
von süezem ruche, iu dem er lac,
1370. als aller guoten würzen smac
drungen vou dem sarke.
des lobete man dô starke
den werden got besunder
der alsô manic wunder
1375. tet au sîme knehte schîn
uud ouch durch deu willen sîn
vil manic zeichen sît begie.
swer in ûf ertrîch êret hie
uud im gestât mit dienste bî
1380. der mac von schulden werden frî.

Dâvon sô râte ich gerne deme
der sîn leben hie verneme

1363. Mit hohē ereu dar jn g. J. mit hochē ēren do g. S. 1864.
wirdikait J. wirdikeit S. 1365. geschrift sage J. geschrifte sag S. 1366.
tag J S. (J also bei Haupt fälschlich angegeben.) 1867. des herbestes
maneu A. der herbist monot J. des herpst manē des (?) S. 1868. Des
ward dz grabe so recht vol J. da A. grab vol alles S. 1369. rovche A.
v. süssen röch dar jnne e. l. J. von fehlt, güttes schmakes S. 1370.
gvoter wrzen A. gütter S. 1371. Trugend v. d. sarche J. trunge S.
1872. so st. A. Dez lobt mā so starke J. das lopte S. 1873. bisunder A.
1374. alse A. also grosse w. S. 1875. sinē knechtn J. sinem, schîn fehlt S.
S schiebt eiu: der wise und der gerechte. S schiebt nach 1876 ein: so
tû vns din genade schin. 1877. beging J. vil maniges z. er sider do
begie S. 1878. wer j. v. erde e. h. J. wer iû vff der erden hie S. 1379.
mit crē bi J. und fehlt S. 1380. sündû J. der mag sünden werden
fry S. 1381. A kein grosser Buchstabe, S kein Initiale. dem A. deme
fehlt J. rat ich dir me S. 1382. vernem A. lesen S.

und von im diz getihte lese
daz er im undertænic wese
1385. mit ganzen triuwen iemer.
sîn trôst verlât si niemer,
die sich ûf sîne gnâde lânt.
von Basel zwêne bürger hânt
sô rehte liebe mir getân
1390. daz ich von latîne hân
diz mære in tiusch gerihtet.
ez wart durch si getihtet
gerne und willeclîche doch,
daz man dâ bî gedenke ir noch
1395. und mîn vil tumben mannes.
von Bermeswîl Jôhannes
und ouch Heinrich Îsenlîn,
die zwêne vlîzic sint gesîn
daz ich ez hân zeim ende brâht.
1400. des werde ir noch von den gedâht
die diz getihte hœren lesen.
si müezen beide sælic wesen
an lîbe und an der sêle dort.
got gebe in stæter vröuden hort
1405. und êwiclicher wunnen rât
und daz ich armer Kuonrât

1383. gedicht S. 1385. ganzer A. 1386. jn niemer J. inn niemer S.
Mit 1386 schliesst J. Es folgt mit roter Tinte die in der Einleitung S.
14 angeführte Angabe des Schreibers. 1387. genade S. 1388. basel A S.
han Ob. diatr. zwen S. S schiebt nach 1388 ein: diss mer uff dutsch
geticht. 1389. vn mir so recht liep getan S. 1390. ich es A O. hant
Ob. diatr. das ich usser latine han S. 1391. fehlt S. tvsche A O. 1392.
war Ob. diatr. es durch si han gedichtet S. 1393. gerne vnd willenklichen,
doch fehlt S. Nach 1393 hat S: das uns got alle füre in das himelriche
— vnd wir da mit im lebent ewenkliche — dar zů helf vns gott der
vatter vnd der sun — vnd der heilig geist yëmer vnd nun amen. 1397.
y senlin A. 1399. zuo ende A. zu Ob. diatr. 1400. werden A. 1401.
horen A. 1404. vroiden A.

von Wirzeburc gelebe alsô
daz mir diu sêle werde vrô,
des helfe mir der süeze Krist
1410. der got bî sîme vater ist
bî sîner zeswen sîten
ân endo zallen zîten.
âmen.

1407. wrzebvrc **A**. 1412. ane ende zvo **A**.

III. Anmerkungen.

1. V. 1—176 Oberl. diatr. 33—35.

Die Verbindung von *schepfer* mit *über*, die zugleich den Gedanken des Herrschens zu enthalten scheint, habe ich bei K. sonst nicht nachweisen können. Beispiele für Gott als Schöpfer aller Dinge finden sich belegt von W. Grimm, Gold. Schmiede S. XXVII.

2. Gold. Schm. 1374 *vrowe, aller sælden ursprinc.* Engelh. 500 *got, aller sælden ursprinc.*

Die durch A an die Hand gegebene Vermutung, dass K. *sît* im temporalen, *sît daz* im kausalen Sinne gebrauche, fand sich bei einer Untersuchung anderer Werke K.'s, bes. des Engelh. nicht bestätigt. A hat hier, 546, 1287 *sît*, 1250 *sît daz.* J und S haben stets *sît daz.*

4. 4—6 auch Oberl. Gloss. 1509.

Die Stellung des Verb zwischen zwei zu ihm gehörige Subjekte oder Objekte bei K. sehr beliebt.

10. auch Oberl. Gloss. 312.

Zu *dîn* konnte der Schreiber der Vorlage von A durch das voraufgehende *dîme* veranlasst sein. Dass aber auch der durch *dîn* ausgesprochene Gedanke K. nicht fern gelegen haben kann, zeigt V. 23. Doch passt *sîn* entschieden besser in den Zusammenhang. Verwechselung von *d* und *s*, allerdings in umgekehrter Weise, findet sich bei A noch in *vrisel* und *segen* statt *vridel* und *degen*; cfr. auch Silv. 38 *sîn* (des Heiligen) *tugent wirt ze liehte brâht — von schulden ûf der erden.* Gold. Schm. 800 *durchliuhteclichen sol erbrehen — dîn êre zaller zîte.*

18. Partonop. 5006 — *sîn leben ûz genomen.*

19—20 auch Oberl. Gl. 1681.

21. In der Schreibung von *nu* und *du* folge ich Bartsch, der die Weglassung des Längezeichens zu Part. 95 begründet. Haupt setzt es stets.

25. Ueber die Synkope des *e* in *gnuogen* cfr. Haupt zu Engelh. 209. Troj. 1493 *gnuoge liute.* Troj. 7793 *gnuogen liuten.*

Diese Stelle zeigt, worauf Massmann S. 87 aufmerksam macht, dass die Alexiuslegende zu K's Zeit nicht sehr bekannt war.

26. Silv. 77 *daz ich entsliexe die getât, -- die sîn lîp begangen hât.*

29. Ueber *ûf der erden* cfr. Haupt zu Engelh. 43.

30. Engelh. 709 *biz sich gebezzert unser jugent.*

31. *etwas* einer der wenigen Schreibfehler der Handschrift A.

Haupt zu Engelh. 155: In den Zusammensetzungen mit *ete* — gebraucht K. nur diese zweisilbige Form und niemals einsilbiges *et.*

36. Gegen die in den Text gesetzte Fassung, wonach *der* Relativ und *macht* Praeteritum wäre, ist das Bedenken zu erheben, dass ich den adverbiellen Gebrauch von *sældenrîche* nirgends nachweisen kann. Andrerseits schliesst sie sich mit Ausnahme des schon aus metrischen Gründen in V. 37 zu tilgenden *und* genau an A an. Haupt schreibt: *des sælden rîchen leben ie — macht ander liute sældenhaft. — ez gap in edele bîschaft* und folgt damit im allgemeinen J, das doch durch das Fehlen des V. 35 die Unsicherheit seiner Ueberlieferung beweist. Ausserdem war er durch Herübernahme des *der* aus A gezwungen, das durch A und J bezeugte *er* in 38 in *ez* zu ändern. Eher möglich erschiene mir vollständige Beibehaltung von J: *des sælden rîchen leben ie — macht ander liute sældenhaft. — er gap in edele bîschaft,* wobei dann *macht* wiederum als praeterit. aufzufassen wäre.

Aehnliche Gedanken in der Einleitung zu Silvester.

37. Diese Apokope ist K. durchaus gewöhnlich z. B. Engelh. 2857 *macht um sich einen witen kreiz.* auch Engelh. 29. 294. 344. 372. 580. 701. 871. u. s. w. Alexius 210. 521. 525. 767.

38. 88—89 auch Oberl. Gl. 159.

Troj. 285 *edel bîschaft.* Engelh. 202 *edele bîschaft.*

39. Beispiele für diesen Gebrauch und Bedeutung von *bilde* sammelt Wolff zu Halbe Bir 490. Ebenso führt er alle Belegstellen für *nütze* an 813.

40. auch Oberl. Gl. 2031.

Pantaleon 20 *ein herze wirt gesterket — an reines willen krefte — von guoter bischefte, — und wirt im sünde wilde.*

49. Der Reim *dinc : jungelinc* überaus häufig cfr. 127. 143. 283. 753. 1127. 1193.

50. Dass K. die unumgelautete Form von *jungelinc* gebraucht, ist zu Engelh. 247 gezeigt.

51. Zweifellos gebraucht K. stets die volle Form *beliben* und die von Haupt 239 angewendete synkopierte dürfte auf einem Versehen beruhen.

54. Pantal. 1637 *ein wunder von dem lebetagen.*

56. Troj. 289 *der biete herze und ören her.* Engelh. 197 *und neige herze und ören her.* Pant. 62 *swer nû sîn leben welle — vernemen hie mit reiner ger, — der biete herze und ören her.* Troj. 7891 *ze herzen und in ören.* Troj. 13088 *swer sin und ören biutet — gern unde willenclichen her.* Gottf. Tristan 241 *der biete herze und ören her.* Trist. 8055 *der ören und der herzen lust.* Pant. 959, Troj. 4873, 12645 *mit willecliches*

herzen ger. Gold. Schm. 1829 *von sînes tumben herzen ger.* Herzm. 102 *sînes herzen gir.*

58. cfr. 400. Haupt zu Engelh. 1644.

Engelh. 1644 *und er si dô ze herzen las.* Engelh. 5774 *mîn jâmer in dîn herze lis.* Pantal. 1662 *swaz ich ze herzen hân gelesen.* Partonop. 20952 *und in sîn edel herze las — umb ir geschrei vil swæren pîn.* Troj. 14842 *dâ von si dô ze herzen las.*

59. Pantal. 293 *milt unde erbarmeherzekeit.*

64. Partonop. 20838, Troj. 38753 *in sînen jâren.*

Zu dem *im* in A bemerkt schon Oberl. in seiner diatr., dass *er* zu lesen sei.

68. A schreibt zwar stets *solte* und *wolte.* Dass K. auch diese Form nicht abzusprechen ist, zeigt Troj. 19403 *enwolten : holten.* Meist finden sich aber *solde* und *wolde* im Reim. Partonop. 11197, Troj. 26235 *solde : golde.* Troj. 18791 *solde* (= Sold) : *wolde.*

69. auch Oberl. Gl. 2027.

K. knüpft fast stets an einen Satz, in dem ein Name genannt wird, die Eigenschaften oder Thätigkeiten des Betreffenden oder sonstige Aussagen durch einen Satz mit *und* an. Von den überaus zahlreichen Beispielen führe ich folgende an. Troj. 336 *er was geheizen Prîamus — und het ein wunneclichez wîp.* Troj. 838 *si was geheizen Thêtis, — und lac an ir —.* Troj. 964 *ein got der hiez Cupîde — und was der minne schütze:* Troj. 1078 *ein götîn hiez Dyâne — und pflac der jegerîe.* Troj. 1098 *ir swester hiez Cassander — und was vil hübisch unde wîs.* Troj. 4548 *geheizen was er Prôthêus —* (in der Ausgabe allerdings ohne Accent, obwohl im Reim auf *alsus*) *und weste künfteclîchiu dinc.* Troj. 4852 *er ist geheizen Pârîs — und hete an im die sælikeit.* Troj. 5850 *Schŷron was er geheizen — und hete ein vremdez bilde.* Troj. 6276 *Centaurî wâren si genant — und kunden mit geschütze wol.* Troj. 6506 *Jâson der selbe ritter hiez — und lebte in ganzer wirde alsus.* Troj. 6840 *Argus ein listic meister hiez, — . . . . und was der beste zimberman.* Troj. 11206 *Grêûsâ sô was si genant — und lûhte schône und ûz erkorn.* Ebenso Troj. 11526. 12964. 16180. 17970. 20138. 20144. 28852. 23938. 23946. 24892. 24928. 30004. 30126. 30372. 30376. 30382. 30588. 30617. 30636. 30838. 31290. 31802. 31806. 31808. 31816. 32112. 32180. 32385. 32436. 32520. 32908. 33264. 33367. 33396. 33736. 33794. 34689. 35446. 36000. 36034. 36188. 37138. 37919. 37996. 38286. 39808. Pantal. 114. 138. 199. Partonop. 319. 3332. 3600. 3624. 3724. 3812. 4100. 4252. 4284. 4330. 4406. 4470. 9916. 11144. 13532. 14482. 19588. 20530. 21000. 21615. 21754. Silv. 106. 528. 2751. Turnei 8. 154. Engelh. 260. 2497. Auch bei Gottfried Tristan 5886 *der hiez Gurmun Gemuotheit — und was geborn von Affricâ — und was sîn vater künic dâ.* Trist. 13112 *der was Gandîn genant — und was hövesch, schœn' unde rîch.* Trist. 14243 *daz selbe solte namen hân — Melôt petit von Aquitân — und kunde ein teil.* Auch Erec 314 *daz er rîches muotes wielt.* Zahlreiche Beispiele für *walten* mit abhängigem Genet. bei K. sammelt Wolff 130.

70. Die in A herrschende Verderbnis mag zum Teil dadurch hervorgerufen sein, dass dem Schreiber die Konstruktion von *walten* mit einem abstract. genet. nicht geläufig war; er fasste daher *getriuwes muotes* als adverbiellen Genet. und liess 70 von *walten* abhängen. *êre* und *guot* bedeuten hier wohl beide „Besitz." Ihre Zusammenstellung ist sehr häufig. Troj. 6654 *vil êren unde guotes.* Troj. 12185 *mit êren und mit guote.* Troj. 12433. 34157 *an êren und(e) an guote.* Schwanritter 1201 *vil êren unde guotes.* Halbe Bir 125 *an êren und an guote.* Tristan 1479 *guot und êre.* Trist. 1635 *ze êren und ze guote.* Trist. 1697 *an êren und an guote.* Trist. 6299 *an guote und an êren.* Gregorius 2267 *der êren und des guotes.* Erec 401 *guotes und ouch êren mê?* Erec 5967. 9395. Arm. Heinr. 77. 363 *êren unde guotes.* Arm. Heinr. 398 *êre unde guot.* Arm. Heinr. 403 *vil êren unde guotes.* Arm. Heinr. 495 *beide guot und êre.* Arm. Heinr. 617. 1439 *êre unde guot.* A. H. 1431 *des guotes und der êren.* Büchlein I 965 *êren unde guotes.*

Die von A neugebildete Zeile: *der selbe getruwe man* enthält nur Worte, die in der nächsten Umgebung vorkommen (V. 69, 75) oder durch den Reim erfordert sind.

Die lat. Vorlage hat hier: Erantque ei tria milia pueri qui zonis cingebantur aureis et sericis induebantur vestimentis. Hic namque erat iustus et misericors.

71. *pflege* Haupt zu Engelh. 3762.

74. auch Oberl. Gloss. 1205.

pfelle und *sîden* bezeichnen dasselbe, wie schon Oberl. in einer Anm. hinzufügt: pallium sericum per ἐν διὰ δυοῖν.

78. *muoste* = videbatur.

79. K. gebraucht sowohl die Form *palast*, wie *palas*. Wolff zu H. B. 208 sammelt alle Stellen.

80. *liebste,* das A hat, durch das vorausgehende *liep* veranlasst. *beste* = nobilis, eine Art Titel. Pantal. 1535 *die besten alle von der stat.* Troj. 3272 *und er in mîner horeschar — der beste heizen müeze.* Troj. 3884 *des heten bêdenthalp gesworn — die besten ûf ir eide.* Trist. 5726, Greg. 196 *die besten von dem lande.*

82. Troj. 25749 *hûs in den lüften halten.*

83. derselbe Vers 1365.

84. Lat. Vorlage: Tres per singulos dies mensae parabantur in domo eius.

85. Haupt zu Engelh. 236 über die Verbindungen der geschwächten Formen *dar* mit vokalisch anlautenden Adverbialpräpositionen.

90. Beispiele für ähnliche Anwendungen von *kunde* führt Wolff zu H. B. 54 an.

92. 92—93 auch Oberl. Gl. 967.

Zu *liutsœlic* cfr. Haupt zu Engelh. 134 u. 2647.

93. Engelh. 4507 *und der verwizzen Engelhart.*

102. Trist. 6083 *und iuwer edelen kindelin — din iuwer wunne solten sin.*

107. Partonop. 4111 *sunder allen spot.* Engelh. 6075 *sunder allen trôst.* Troj. 1595 *sunder allen mein.* Troj. 8683 *sunder allen zorn.*

In Erwägung zu ziehen wäre auch folgende Konjektur, die sich A nahe anschliesst; *diu zwei besunder, âne spot.* Denn eine derartig gehäufte Redeweise entspricht durchaus K.'s Stil. Engelh. 685 *von disen swein besunder.*

108. *rîchen* durch das folgende *rîlich* veranlasst cfr. 65, 439.

110. Troj. 440 *dar umbe daz.*

111. Wolff zu H. B. 228 sammelt Worte auf — *lin.*

112. Beispiele für diese Anwendung von *solte* bei Wolff zu H. B. 232. Schwanritter 18 *ir erbe solde sîn.*

113. Hahn, Otto mit d. Barte Anm. 58 ist der Meinung, dass *gülte* bei K. nur Einkommen, Einnahme heisst.

Beispiele für unflektiertes *manecvalt* nach Subst. bei Wolff zu H. B. 377. S. 167.

114. Haupt zu Engelh. 444: K. gebraucht *wunder* häufig ohne *ein.* cfr. Wolff zu H. B. 72. Aehnliche Konstruktionen überaus häufig bei K. z. B. Partonop. 309 *Durch die vil hôhe edelkeit, — der wunder was an in geleit.* Partonop. 7531 *und von der hôhen wîsheit, — der wunder ist an iuch geleit.* Partonop. 17815 *und ouch der lichten schônheit, — der wunder was an in geleit.*

S schiebt ein:

Die fröw minnenkliche
Batt got vö himelriche
Das er si gewerte
Des ir hertze gerte
Si machet manig bildelin
Geschaffen als ein kindelin
Von silber und von gohle
Dz si geben wolte
Zü gottes hûsrö werden
Durch das sie uff erdan
Got gewerte dz si sûchte
Vnd das er geruchte

> Mit helffeberenden sachen
> Ir hertze fro machen
> Und inen geruchte eiu kind gebē
> Dz noch erfrŏwen solte ir leben.

122. Beispiele für ähnliche Verbindungen mit *genant* bei Wolff zu H. B. 299.

S schiebt nach 122 ein:

> Dz was edel und vin
> Wann si es vou gott hattē gegert
> Die edel frŏwe werd
> Wart eines sunes schwang' do
> Des wurdent si innenklichen fro
> Die fröwe vnd enfemian
> Vnd da die fröwe ergangen kam,
> Das si geberē solte
> Wañ es gott selber wolte
> Si gewan ein schŏné sun
> Der was iuen allen wilkom
> Mā hies iñ tŏffen da zehant
> Allexius wart er genant
> Ein āme ward i^m geben sid
> Die pflag siu schon ze aller zit
> D' aman wart vil wol getan
> D' herre eufemiā
> Hies ir pflegen schone
> In sinem huse frone
> Ir wart gegabet dik wol.
> Vŏ hoché herren als mā sol
> Añiau gabē da si sint
> Die da pflegent hocher fürsten kind
> Das kind wuchs uil sere
> Selde zucht vnd ere
> Die wŭchs iñ ŏch alsam
> Vil gerne er sich ira an nam.

124. Dass ich hier von A abgewichen und J und S gefolgt bin, glaube ich durch die zu V. 69 augeführten Beispiele rechtfertigen zu können. Auch ist auf diese Weise die Anknüpfung des Satzes mit *daz* in 125 natürlicher. Partonop. 9916 *er was geheizen Fursîn — und hete gar an sich genomen — swâ mite ein jungelinc bekomen — ze ganzer werdekeite mac.* Troj. 11548 *er hete schiere an sich genomen.* Troj. 13576 *er hât die kraft an sich genomen.* Partonop. 6538 *und hete frôude an sich genomen --- nâch sînem ungemache.*

125. Ueber *begunde* und *begonde* cfr. Bartsch zu Partonop. 328.

126. Die Verbindung von *herze* und *sinne* überaus häufig. So findet sich derselbe Vers Partonop. 938. 19506. Troj. 7681. 16839. 19899. 26637. 27393. *mit herzen und mit sinne* steht Troj. 733. 8115. 8321. 7975. 17273. 18607. 19899. In ähnlicher Weise sind beide Worte vereinigt: Partonop. 2908. Troj. 27957. 28697. 29413. 29769. 35385. 35841. 38187. 38201. 38598. 38821. Auch bei Gottfried Tristan 910. 914. 11911. 12525. 12947. 13767. 14056. 17753. 18135. 19055. 19184. Ferner Erec 9185. Arm. Heinr. 1202. Büchl. I 33.

129. 205 ist der Vers wiederholt. 311 *an lîbe und an gebærde.* Beide Formen häufig. Ersterer Vers z. B. Troj. 691 und 7297 (wo wie hier *der edel und der clâre* folgt.) 7535. Trist. 4030. Mit der Präposition *mit* Troj. 25650. Die zweite Form Troj. 829 und 717 (Präpos. *mit*).

131. Troj. 15210 *wirt si ze schuole hie geleit.*

136. Trist. 8071 *ze lobelîchem prîse.*

137. Pantal. 110 *geblüemet stuont sîn reiniu jugent.*

138. Partonop. 11500 *er was der êre ein bluome — unde ein spiegel rîcher tugent.* Aehnliche Verbindungen mit *spiegel* häufig. Partonop. 3925 *ein spiegel hôher wirdikeit.* Partonop. 14703 *ein spiegel hôher êren.* Partonop. 16613 *unde ein spiegel hôher tugent.*

141. Partonop. 7615 *iuwer hôhez leben.*

142. Arm. Heinr. 56 *im was der rehte wunsch gegeben — ze werltlîchen êren.*

147. Z. f. d. A. 4, 400: *und eine.*

148. 148—149 auch Oberl. Gl. 185.

Partonop. 305 *an im brast al der sælden niht, — die man an menschen lîbe siht.* Trist. 258 *an ime brast aller tugende niht — der herre haben solde.*

151. Zahlreiche Belege für diesen bildlichen Gebrauch von *brennen* bei Wolff zu H. B. 286. Pantal. 162 *sîn herze in gotes minne bran.* Partonop. 1536 *doch wizzet daz sin herze bran — nâch ir minne sam ein kol.*

153. Ueber die Form *ûzer* cfr. Haupt zu Engelh. 179.

156. Gold. Schm. 391, 652 *mit genuht* cfr. Haupt zu Engelh. 2913.

158. Gold. Schm. 870 *dîn reinez herze, tugende vol.*

160. cfr. 300, 572.

161. auch Oberl. Gl. 846.

Partonop. 16712 *er ist von hôher art geborn — und ouch von küneges künne.*

162. Wolff zu H. B. 2 zählt Beispiele für *als ich ez las* und ähnliche Phrasen auf cfr. auch Trist. 1798. 2127.

166. Beispiele für *wol getân* bei Wolff zu H. B. 102. Partonop. 7865 *nâch wunsche wol getân.*

167. *ûz der mâze* findet sich z. B. Troj. 22538. 34558. Trist. 5002. 11092.

168. Partonop. 9914 *mit lobe ich iemer kræne — daz leben und den namen sîn.* Troj. 1392. 6790. *den ich mit lobe kræne.*

169. Die Verbindung von *leben* und *lîp* ist eine sehr häufige, auch bei Gottfr. Engelh. 763 *ir werdez leben unde ir lîp.*

170. *êlich* bei *man* und *vrouwe* cfr. Wolff zu H. B. 470.

173. Ueber die Form *genædec* cfr. Haupt zu Engelh. 2647 S. 274 u. Muth § 28.

176. auch Oberl. Gloss. 112 (über *bejaget* cfr. Einleitung S. 8). Partonop. 7300 *er hete an fröuden vil bejages.* Partonop. 10206 *an ungemüete vil bejages.* Partonop. 12705 *an êren horte vil bejages.* Partonop. 15480 *an êren vil bejages.* Troj. 14556 *wan diu götinne Pallas — enpfienc dar inne vil bejages.*

178. Partonop. 17401 *und ein sô rîlich hôchgezît.* Troj. 11811 *daz rîlîch und daz schœne cleit.* Trist. 18150 *si hiez ein bette dar zehant — rîlich und schœne machen.*

S schiebt nach 179 ein:

> Semit vn pfeller uff das grune gras
> Vil harte schon wart geleit
> Als mir die warheit hatt geseit
> Allexius stůnd öch dar bẏ
> Vil gar alles mûttes frẏ
> Do diss alles ergangen was.

183. Sant Nicolaus, Einleitg. XIII: K. sagt *wunne* und *wünne* nebeneinander.

185. Gold. Schm. 1194 *aller tugende schîn.*

192. A muss, wie ich glaube, trotz der Nachlässigkeit der Konstruktion beibehalten werden, zumal es durch S unterstützt wird und sich die Verbesserung, welche der Schreiber von J vornahm, leichter erklären lässt, als das Umgekehrte.

193. Haupt schrieb *gadem.* Doch schon Pfeiffer, Germania XII S. 43 bemerkt: nicht *gadem,* sondern *gaden,* wie zahlreiche Reime beweisen, ist die bei Konrad übliche Form. Einige Beispiele für solche Reime wären: *schaden : gaden* Part. 1365. 1475. 1481. 7105. 7491. 8573. 9573. *gaden : geladen* Partonop. 2569. 6912. 9421.

194. Dass K. gerade hier nachlässig war, zeigt auch der Wechsel des Subjektes durch *er,* das augenscheinlich Alexius bedeutet. Beispiele für *sich heben* bei Wolff zu H. B. 183.

197. Ueber *keiserlich* cfr. Haupt zu Engelh. 863. So wird auch die Jungfrau Maria bezeichnet Gold. Sch. XXXVIII und 947 *keiserlîchiu fruht.*

198. Partonop. 8750 *an ir stuont schœne bî der zuht.* Partonop. 11142 *an ir lac schœne bî der zuht.*

200. 200—201 Oberl. Gl. 474.

201. Wolff 5 führt alle Stellen an, wo dieser Reim *garwe* : *varwe* vorkommt. Partonop. 5210 *sîn lip nâch wunsche wart bekleit.*

208. Partonop. 6550 *durchliuhticlicher êren schîn.* Partonop. 6474 *sîn lop durchliuhticlichen schîn — wart über al dô gebende.*

204. Eine Wiederholung von *gar* ist, wie bei dem von K. so beliebten Parallelismus zu erwarten wäre, nicht nötig. Allerdings wäre bei allen von mir angemerkten Beispielen Ergänzung eines zweiten *gar* möglich.

Partonop. 5450 *gar edel unde süeze.* Part. 6515 *gar hövesch unde kurteis.* Part. 7915 *gar seltsæn unde wilde.* Part. 10584 *gar heiter unde schœne.* Part. 14767 *gar edel unde minneclich.* Part. 17687 *gar edel unde rîche.* Part. 17872 *gar michel unde kreftic.* Part. 18257 *gar michel unde frech.* Troj. 6697 *gar lûter unde silberwîz.* Troj. 6738 *gar nîdic unde bitter.* Troj. 15518 *gar seltsæn unde wilde.* Troj. 22321 *gar lützel unde cleine.* Troj. 25141 *gar michel unde manger slaht.* Troj. 32239 *gar lützel unde selten.* Troj. 36329 *gar bitter unde strenge.* Troj. 39370 *gar edel unde reine.* Schwanr. 15 *gar lützel unde kleine für.* Gold. Schm. 989 *gar edel unde reine.* In allen übrigen Werken K.'s habe ich kein Beispiel finden können. Demgegenüber finden sich nur folgende Beispiele einer Wiederholung des *gar:* Troj. 24958 *gar michel und gar græzlich.* Troj. 24999 *gar seltsæn und gar wilde.* Troj. 27726 *gar lützel und gar kleine.*

Gerade die vorliegende Stelle scheint mir die gemachte Beobachtung zu bestätigen, dass jüngere Schreiber gern solche Wiederholungen einschmuggeln.

Ueber *vîn* Wolff 227. Troj. 6761 *edel unde fîn.*

207. Troj. 1700 *mit êren wol geblüemet.* Troj. 6552 *geblüemet stuont sîn reiner sin — mit hôhen êren ûz erlesen.* Troj. 7422 *mit êren und mit reiner zuht — geblüemet was ir werdiu jugent.* Troj. 15218 *geblüemet wirt nâch êren.*

215. Bartsch zu Partonop. 16678 *brennet* für *brinnet* ist nicht denkbar.

220. S schiebt ein:

> Er sprach uil liebes hertze drut
> Du solt wesen gottes brut
> Wann er dich ŏch geschaffen hatt
> Vernim vil liebe minē rätt
> Wie ich nit wiser sinnen han
> Es mag dir doch wol ze gůtt ergan
> An dem der dich geschaffen hatt
> Vff des gewalt statt

Die erde wasser vnd mer
Vnd himels craft
Vnd der heiligen gesellschaft
Du solt uil gar die sinne din
Keren an die sinne sin
Las dine oren niemer gehören
Das yem' muge zerstören
Diner sele reinikeit
Böse gedenk sigent dir leid
Die ögen süllent nidersechen
Vnd vm̄ sich nit wite spechē
Wann si das hertzen venster sind
Darûm du uil liebes kind
Ir uil genotte hütte
So macht du din gemütte
Dester bas bezwingē
Ze tugentlichen dingē
Nû hörte von dem sinne din
Der so uil wol bewaret sin
η essenkliches (l. vermessenliches?) lachen han
Vnd dz nit von herczen gan
Hinder red vn̄ spott
Solt du miden durch gott
Diner hende habe pflicht
Das si böses merkent ichcz
Würkē oder pflegent
Sich öch dz an bösē wegē
Din füsse gegangē niemer
Vnd flisse dich des yemer
Das du gerne wellest lan
Das wider gott sige getan
Du solt nemē genote war
Der siben höptsûndē gar
Das du si midest alle
Wann si sint der sele galle
Hoffart und trakeit
Vnd vnkûscheit vnd frascheit
Mide gittikait vnd zorn
Von disen wirt die sele verlorn
Du solt öch durch den richen gott
Behaltē wol die zechen gebott
Das erst ist rechter glöben pflicht
Das ander v̄ppig schwerē nicht

Das dritte uil wol gewesē mag
Viren die ge *l* annnen (l. gebannen) tag
Das IIII sol dich leren
Vatter vñ mutter erē
Dz fünfte wil des nicht enben (l. enbern)
Du solt nicht vnrechtes guttes gern
Dz sechste als ich han gelesen
Du solt niemns valtscher gezūge wesen
Das VII als ich mich uerstā
Du solt niemā ze tode erschlan
Das achtent gebott dz gert
Das dir alle vnrecht sigent vnwert
Das ist des libes blöde
Und des libes schröde
Das VIIII nünde gebott also gicht
Du solt din e brechē nicht
So ist das zechent gebott
Dz dir hat gebē gott
Du solt niemans güttes begerē
Welle er dich sin nit gewerē
Was sol ich dir sagen me
Das ist die rechte gottes E
Von hertzē und von sinnen
Für alle ding gott minnē.
Als dich do diss gesprach allexius (l. Alexius gesprach)
Do antwurt im̄ die rein vñ sprach
Zů im alsus
Do ir ein brediger woltē sin
Was woltent ir do herre min
Warūm liessent ir mich nit gütter
Minem vatter vñ miner mutter
Vnd werent ir ein gütter man
So hettent ir vil wol getan
Allexius redtte fürbas
Vil hertze liebe sichst du das
Wie die kerczē brunnent
Vnd wie die tropffen rünnent
Hin nider zů der erden.
Dar zů müssent wir öch werden
Des mugent wir nit entwenkē
Dar an solt du gedenkē
Vnd diene gott drut gespil
Wann er dir wol lonen wil

Wenn sich der tag erholt
Daz du min lieb ersterben solt
Vnd du des nit entwenken macht
Mit keiner hande ding geschlacht
Din frúnd behaltent dich nit einen tag
Für war ich dir das sagen mag
Si jlent dich uff erhaben
Vnd in die erden si dich begrabē
Da hast du vinster inne
Dz nim in dine sinne
Hast du denne gott gedienot
So wirst du nit des tüfels spott
So nim er dich an sin hand
Vnd fúrt dich für den heÿland
So komet denne die wandels frÿe
Min frow sant marie
Mit schöner venie
Der engel samnunge
Empfachent dich uil süsse
Mit sölichen grússen
Da du denne ewenklichen
Lebest in dem himelrich
Da du von ȯgē ze ȯgen
Gott schȯwest ane lȯgē
Do sprach die maget luchsam
Gottes wille músse ergan
An uns beiden allwegē
Vnd músse vns han in siner pfleg
Vrlob er do gerte
Vil kum si im des da gewerte
Si gab im an ein gútt vingerlin
Behalt das lieber herre min
Das empfieng er von ira do
Das wart er uil fro
Vū riet ira do zeleste
Was er gúttes wúste (l. weste).

---

221. Dieser Vers wäre den von Wolff zu H. B. 109, 110 angeführten Beispielen von *sich gevlîzen* hinzuzufügen. Troj. 6676 *daz dû daz beste râtest mir, — des dû dich geflîzen kanst.* Troj. 18174 *das beste hân ich ir getân, — des ich geflîzen kunde mich.* Engelh. 8579, 8771 *des ich geflîzen kunde mich.* Troj. 20534 ... *daz beste, des ich kan geflîzen mich.*

226. 226—227 Oberl. Gl. 542.

Partonop. 12186 *dâ von dir daz getiusche — der minne ist un-erkennet.* Troj. 894 ... *ir getiusche, — dâ mite si die welt betrügen.*

229. *ze jungest* belegt bei Wolff 75.

232. 232—234 Oberl. Gloss. 983.

Einen Ring beim Abschied zu geben, eine häufig sich findende Sitte. So Iwein 2945 beim Abschied von Luneten — *unde lât ditz vingerlîn — ein geziuc der rede sîn.* Herzm. 181 *enphach von mir diz vingerlîn.*

235. Oberl. Gl. 16.

239. Beispiele für *wonen bî* bringt Wolff zu H. B. 170. Zu diesem Vers cfr. Anm. zu 51.

240. Ueber *sunder bar* cfr. Haupt zu Engelh. 182. In Lexers Wörterbuch ist es bei keinem klassischen mhd. Schriftsteller belegt.

241. Oberl. Gl. 168 und 1847.

242. Oberl. Gl. 263.

243. Pantal. 2002 *mit herzenlichen riuwen.* Partonop. 6662 *daz du dîns herzen riuwe — vor mir langer niht verhelst.*

247. Für *tougenlîche* spricht V. 239. Auch giebt es einen besseren Sinn, als *tugentlichen.* Daher bin ich von A u. J abgewichen.

250. Z. f. d. A. 4, 400 unde im gerne.

Haupt zu Engelh. 444: *mîns, dîns, sîns, eins, keins* sind bei K. sehr häufig und nur von der vorletzten Silbe stumpfer Verse verbannt.

255. Partonop. 1046 *dar ûf in dô sîn wille truoc.*

258. Trist. 18417 *nu was er aber unlange dâ.*

262. Gold. Schm. 1087 *Jêsum Krist, — der an der schrift geheizen ist.*

263. Vergleiche dazu denselben Städtenamen 803. Haupt schreibt *bescheidenlîche*, lässt also die zweite Silbe von *Êdissâ* Hebung und Senkung tragen und nähert sich so der Betonungsweise von V. 303.

270. Beispiele für *geslaht* in seinen verschiedenen Stellungen bei Wolff 222. Es steht stets im Reim.

276. Gold. Schm. 138. Troj. 4692 *mit reinem willen.*

278. S scheint das Wort *quelen* nicht zu kennen, denn auch 419, wo A und J *quelte* haben, setzt S ein anderes Wort ein, ebenso 429, wo allerdings auch J *quelen* nicht hat.

279. Derselbe Vers Alex. 632. Part. 3917. 9741. 9921. Troj. 6099. 6609. 7988. 8195. 14865. 15487 (mit vruo) 15598. 17087. 17719. 18803. 88906. Hart. v. Aue, Büchl. I 691.

282. Die Lücke vielleicht dadurch veranlasst, dass 4 Zeilen hintereinander mit *daz* anfangen.

286. Oberl Gl. 325.

Wolff 252 führt alle Stellen an, wo *enwec* vorkommt.

297. Trist. 16782, 18365 derselbe Vers. Partonop. 9603 *mit jâmer und mit maneger nôt.* — *Partonopier an fröuden tôt.*

298. Engelh. 1964 *si wâren beide an fröuden tôt.* Part. 9120 *sîn herze tôt an fröuden was.* Troj. 2814 *vrô Jûnô und vrô Pallas* — *die wurden beide an vröuden tôt.* Troj. 14877 *an fröuden unde an êren tôt.*

299. Silv 1370. Troj. 9443 *durch sîne leiden hinevart* cfr. auch Alex. 1141. *hinvart* nicht „Abreise", sondern „Reise von einem Ort zum andern". Hahn, Otto zu 481. Haupt schreibt *leiden.* Doch steht nach Paul, Mhd. Gr. § 226, 4 nach dem Possessivpronomen die starke Form im Nom. u. Acc. Sg. fast ausschliesslich.

303. Oberl. Gl. 245.

313. Ueber *entschepfen* cfr. Haupt zu Engelh. 5705.

314. Beispiele für *schîn* sammelt Wolff zu H. B. 58.

320. Troj. 10050 *vür wâr ich iu daz sagen mac.* Iwein 6997 *ouch sî iu daz vür wâr geseit.* Arm. Heinr. 710 *daz sî iu für wâr geseit.*

323. Pantal. 653 *got herre, dîne magenkraft.*

326—327 Oberl. Gl. 141.

329. *almuosen* ohne Senkung zu lesen, scheint mir bei K. ganz unbedenklich cfr. Engelh. 549 *zúokúnfte.* 374 *éllénde* u. s. w.

335. Troj. 20967 *ze sælden und ze fromen.*

336. S schiebt ein:

> Las dir óch gott beuolen sin
> Den vatter vn̄ die mütt' min
> Gott der reinen marïe drut
> Der beuil ich hut mine brut
> Herre got du las des niht
> Du habest si in diner pflicht
> Vnd die cristenheit uil gar
> Soltu nemē genotte war
> Hilf das si da selig wesē
> Vn̄ an der sele dórt genesen.

344. Herzm. 240 *des wart sîn herzeclîchiu pîn* — *vil strenge und ouch vil bitter.*

346. 346—347 Oberl. Gl. 28.

351. Derselbe Vers Pant. 1384. Partonop. 1189. Trist. 15539 *mit sorgen und mit leide* Iwein 4417 *vor leide und vor sorgen.*

352. *blanke hende* Engelh. 553. Troj. 1780. Otte 68.

353. Die zahlreichen Belege für *begunde,* das nur zur Umschreibung des praet. dient, finden sich bei Wolff 64.

354. Beispiele für enjambement zwischen Adjekt. und Subst. giebt Wolff zu 84, S. 99. 366 führt er alle Stellen an, wo *linde* vorkommt.

355. Ueber die Flexion von *wange* cfr. Anz. f. d. A. XIII 288.

358. *swern bî* Wolff 404.

362. Haupt schrieb *war hin* und Pfeiffer wollte Germ. XII 48 dies als unmittelhochdeutsch getilgt wissen und der Lesart von S folgen. Doch steht in ·A und J *wâ hin* und dies schreibt Gottfried z. B. Tristan 11598 *i'n weiz wâ hin.* Ferner Iwein 1485 *wâ wolt ir hin.* Wigalois 5516 (Ausgabe von Benecke 1819) *wâ wære du hin.*

364—365 Oberl. Gl. 1854.

365. Partonop. 14715 *und in den muot versigelt sîn.* Pautal. 276 *versigelt wart der süeze Crist — mit kunst in sîn gemüete dô.*

Die Frage, ob K. das flektierte Possessivpronomen *ir* gebraucht hat, ist strittig. cfr. Weinhold Alem. Gr. § 417. Mhd. Gr. § 481. Wolff S. 86, der auch die Ansichten von Bartsch und Roth anführt. Unsere Stelle kann für diese Frage keinen entscheidenden Beitrag liefern. Doch könnte der Umstand von Bedeutung sein, dass sich das Possessivpronomen in der besten Handschrift findet cfr. ebenso 769. 1094. 1169. 1213.

369. Troj. 28803 *swaeher : wæher.*

371. Eine zufällige Uebereinstimmung von J und S ist hier wohl kaum möglich. Daher bin ich von A abgewichen.

373. Die lat. Quelle hat: non egrediar de domo tua.

374. Zu *vriunde* cfr. Haupt zu Engelh. 8869.

376. 376—383 Oberl. diatr. 11.

Eine im Mittelalter verbreitete Sage cfr. Herzm. 248 *der reinen turteltûben art — tet er offenlîche schîn, — wan er nâch dem leide sîn — vermeit der gruenen fröiden zwî — und wonte staeteclîche bî — der dürren sorgen aste.* cfr. Parciv. 57,10, Flore 1476.

381. Wolff zu H. B. 38 führt alle Stellen an, wo *zwî* und *zwîc* vorkommen.

383. Derselbe Vers 797. Troj. 7980. Ferner Partonop. 6610 *sîn herze von ir minne bran — in jâmer und in sender klage.* Troj. 20427 *in jâmer und in sender klage.* Troj. 5365 *jâmer unde sende clage.* Herzm. 293 *mit sender clage.*

385. Mit Ausnahme von Troj. 16375 steht *vrisch* immer im Reim. Wolff 89. S. 99.

386. *sich ziehen ze* vor Gericht als sein eigen nachweisen. Dies könnte einen Beitrag zu den technisch-juristischen Ausdrücken K.'s liefern, welche Rich. Schröder Z. f. d. A. XIII 136—161 aus dem Schwanenritter anführt.

390. 390—393 Oberl. Gl. 1904.

390. Wolff zu H. B. 323 führt alle Stellen an, wo *strenge* vorkommt. Troj. 38264 *si leit vil strengen smerzen.*

393. Herzm. 326 *der reine und der vil süeze got.*

395. Partonop. 8841 *die wîle unz ich daz leben hân.*

396. Part. 6378 *ir sprechet, ich sî komen abe — triuwen unde staetikeit.* Partonop. 8270 *ich bin der êren komen abe.*

398. Die Hiuzusetzung von *vil* zu *keiserlich* zeigt deutlich, dass es zu einem einfachen lobenden Adjektiv geworden ist, (Haupt zu Engelh. 863) was von J und S wohl nicht verstanden wurde.

405. Pantal. 33 *mit maneger nôt.*

409. Gregor. 2769 *sô daz er sînes gebetes phlac.* Greg. 3048 *sînes gebetes er phlac.*

407. *Itpnarunge* Troj. 595.

411. Silv. 854 *mit kiuschem munde rôsenrôt.* Paut. 258 *ûf tet er sînen kiuschen munt.* Pantal. 1086 *sîn kiuscher und sîn rôter munt.*

412. Partonop. 9728 *er wart biz ûf der sêle grunt — leides vil genoetet.* Herzm. 257 *dranc biz an der sêle grunt.* Troj. 22608 *beswæret ûf der sêle grunt.* Gold. Schm. 1500 *er senket sich biz an den grunt — der sêle zeiner spîse.* Engelh. 2034 *unz ûf der sêle grunt.*

418. *billich unde reht* sehr häufig z. B. Pantal. 1492. Partonop. 12048. Troj. 5502. 16567. Umgestellt in Erec 7759 *reht unde billich.*

426. 426—427 Oberl. Gl. 531.

427. Partonop. 418 *dâ von ir muot und ir gerinc — stuont ûf loufen deste mê.*

431. Wolff zu H. B. 7 führt alle Stellen auf, wo *vollecliche* vorkommt. Part. 9698 *der süeze unwandelbære — vertreip dô vollecliche ein jâr.*

432. Dass bei K. auch die Form *offenbar* vorkommt, zeigt Partonop. 8398, wo es im Reim auf *gar* steht. cfr. auch die Anm. dazu.

440. Die Adjektive, zusammengesetzt mit *var* und *gevar*, bei K. ausserordentlich beliebt.

441. Derselbe Vers 1361. — Partonop. 639. 1126. 1203. 2611. 17157. 17201. Turnei 866. Troj. 7282. 9041. 12087. 12751. 14574. 16395. 17505. 19473. 26447. 28175. 35264. 87540. 40141. Trist. 13124. Greg. 723. Herzm. 306 bringen teils genau denselben Vers, teils denselben mit der Präposition *mit.*

446. Otto 388 *Uns seit von im diu wære schrift.* Troj. 7232 *uns seit von ir diu wære schrift.* Troj. 17456 *uns seit von im diu wære schrift.*

451. Iwein 8024 *dâ sî an ir gebete — ir vrouwen alters eine vant.*

454. Troj. 36468 *got in den himelkoeren.* Trist. 7650 *in sînen himelkoeren.*

458. Derselbe Vers Alex. 1054. Arm. Heinr. 1416. Herzm. 18. Engelh. 1224.

460. Wolff zu H. B. 44 führt zahllose Belege für *ûzerwelt* in allen seinen Anwendungen und Stellungen an. Im Alex. findet es sich noch 143. 341. 408. 583. 1211.

461. Troj. 6730 *erhoehet ûf der erden.*

463. Bartsch zu Partonop. 10687 *offenbære* neben *offenbâr* sei bei K. nicht mit Sicherheit zu belegen.

466. Hier scheint mir die Uebereinstimmung von J und S ausschlaggebend zu sein. Auch stellte ich eine Untersuchung an, ob K. es liebt, zwei durch *und* verbundene Adjekt. ohne Präpos., Artikel oder Pronomen vor das Substant. zu stellen. Dabei fand ich nur folgende wenige Beispiele: Engelh. 3683 *manlichen unde vesten muot.* Silv. 227 *edeln unde reinen muot.* Silv. 4383 *schoene unde lobelîche fruht.* Silv. 5097 *strenge unde marterlîche nôt.* Troj. 1413 *ganzen unde vollen glanz.* Troj. 1561 *rein unde hôhe trûtschaft.* Troj. 5325 *trüeb unde clegelîche sene.* Troj. 7894 *krank unde tumbe sinne.* Troj. 13556. 33572 *vrech unde starke liute.* Troj. 17581 *erwelten unde reinen glast.* Troj. 17668 *lieht unde vrende steine.* Troj. 19163 *stark unde veste mursel.* Dazu noch einige Beispiele, in denen es zweifelhaft ist, ob das erste Glied Substant. oder Adjekt. ist. Jedenfalls liebt K. diese Konstruktion nicht.

468. Troj. 4617 *Die geste michel wunder — der rede nam besunder.* Troj. 8119 *Der rede nam dô wunder — den werden gast besunder.* Gregor. 1859 *des nam sî besunder — alle michel wunder.* Erec 4848 *dô nam sî besunder — alle michel wunder.* Erec 4938 *dô nam uns wunder — alle besunder.* Arm. Heinr. 1071 *Des nam in michel wunder.*

469. *herze* und *muot* sehr häufig mit einander verbunden, teils mit der Präposition *in*, teils mit der Präposition *an* z. B. Pantal. 381. Partonop. 119. 2532. 4699. 4851. 10192. 10247. 10565. 11021. 11659. 12081. 12097 und öfter. Troj. 4658. 7864. 9219. 15954. 17853. 19659. 28679. 29025. 29599. 33996. 34871. 37913. 38915. Tristan 569 *daz herze und al der muot.* Trist. 746 *herze unde muot.* Trist. 1521 *mîn herze und allen minen muot.* Trist. 15764 *al sîn herze und al sîn muot.*

470. Ueber *lobesam* cfr. Haupt zu Engelh. 1185.

472. Haupt braucht hier die bayrische Form *kom*, wie noch öfter.

474. Engelh. S. 244. ff.

476. Gold. Schm. 1180 *daz si dîn wolten vâren — mit unkiusches herzen gir.*

477. Partonop. 143 *daz man die kunst sô kûme siht — mit willeclichen ougen an.*

479. Partonop. 6726 *ir antlitz unde ir angesiht — mir beide fremde worden sint.*

500. Pantal. 1563 *ûf den erwelten gotes kneht.*

511. Joseph in seiner Ausgabe der „Klage der Kunst" S. 53 will mit J *hôher* schreiben, da es K. widerstehe, dem mit Epitheton versehenen ersten Gliede das zweite ganz unbekleidet folgen zu lassen. Doch 1. A hat öfter *er* für *en*, aber umgekehrt nie. 2. *hôh* ist ein bei prîs häufiges Beiwort. 3. Joseph lässt u. a. zwei Ausnahmen seiner Regel gelten (Troj. 14528. 26589), in denen sich die abweichende Stellung erkläre, weil durch sie der Hiatus vermieden werde. Dasselbe ist nun hier der Fall. 4. *mag vil* (cfr. Joseph S. 54. 57) von Einfluss gewesen sein.

513. Dieser bei K. ausserordentlich beliebte Vers auch bei Hartman, Erec 6525 *beide stille und über lût.*

516. Partonop. 3674 *si wolten gerne mîden.*

518. Oberl. Gl. 563.

526—527. Oberl. Gl. 1758.

531. Partonop. 12732 *nu daz er ûf daz wazzer hie — geschiffet was.* Part. 11768 *diz lobte si der keiserîn — mit willen unde kam zehant — hin heim geschiffet in ir lant.*

532. Derartige Unterbrechungen und Berufungen auf schriftliche und mündliche Zeugnisse führt Wolff zu H. B. 340 an.

543. Haupt schrieb: *unde nam des rehte war — daz er gein Rôme füere dar.* Doch darf der Vers 544, der in allen drei Hdsch. gleichmässig überliefert ist, nicht angetastet werden. Die von mir in den Text gesetzte Konjektur können vielleicht folgende Stellen rechtfertigen: Partonop. 9002 *hiute sprächen iuwer wip — ir hætent an im missevarn. — und dô si dô begunden warn — der manicvalten schônheit.* Partonop. 16580 *dar nâch begunde er denne warn — des soldânes tougen.* Part. 20548 *der küene fürste Markabrê — Alîses dô begunde warn, — der im dort sîner swester barn — ersluoc.* Troj. 11788 *ê daz man des beginne warn.* Troj. 25272 *und er begunde ir künfte warn.*

545. Beispiele für *denken wider* bei Wolff zu H. B. 56.

546. 546—548 Oberl. Gl. 1604. Herzm. 170 *sô dich her wider hât gesant.*

553. Part. 393 *von im und dem gesinde.*

555. Troj. 8560 *sîn vröude wart verswendet.* Engelh. 2194 *wie ich muoz tougen swenden — sô jæmerlichen mîniu jâr!* Lied. 32, 283 *verswende ich aber mîniu jar, — diu sint mir iemer tiure.* Herzm. 502 *ich sol mit sender herze nôt — verswenden hie mîn armez leben.*

556. Gold. Schm. 1606 *des lâz uns werden hie gewar.*

561. Schon Wolff zu 281 sammelt Beispiele für denselben Vers oder solche, wo *ger* statt *gir* sich findet. Dieselben führt er noch einmal Anz. XIX S. 155 Anm. 1. an: Part. 218. 2450. 6382. 9906. 16695. 18088. Troj. 3690. 4873. 12645. Ferner ähnliche Redensarten Trist. 3706 *vil maneges herzen ger.* Trist. 7520 *nâch ir herzen ger.* Erec 8529 *nâch mînes herzen ger.*

564. cfr. Alex. 1272. Engelh. 5651 *die wîle daz ich mac geleben.* Engelh. 5785 *die wîle daz ich nû gelebe.* Engelh. 5974. 6103 *al die wîle ich lebe.* Erec. 4556. 6040. *al die wîle unde ich lebe.*

571. Pantal. 770 *nû daz die meister ûf der vart — den selben man gesâhen.*

580. *verjehen* belegt bei Wolff zu H. B. 513, 514. Silv. 3647. Partonop. 11921. 17719.

584. Pantal. 1260 *durch sîner hôhen tugende reht.*

588. *bilgerîn* ein sicherer Beleg für den apokopierten Dativ cfr. Haupt zu Engelh. 2493.

600. Lieder 1, 69 *Du woldest sîn ûf erden gast — und ein ellender pilgerîn.*

605. Partonop. 15586 *dô sîniu schoenen ougen — vor mir überliefen — und er vil manegen tiefen — siuften lie von herzen.* Troj. 15924 *vil manigen siufzen er dô lie.* Troj. 17717 *vil manigen tiefen siufzen.*

610. Pantal. 1527 *ze sînem ingesinde.*

618. Pantal. 1773 *mit sîme dienste bî gestê.*

618. Bartsch zum Partonop. 1307: Es wird wohl überall, wo die Hs. *zuo ein, zuo im, in, ir* hat, zu setzen sein *zuo zein, zim, zin, zir.*

621. Engelh. 5268 *daz man sîn doch vil schône pflac — mit guoter handelunge.* Engelh. 5604 *niemen wolte sîn dô war — mit guoter handelunge nemen.* Troj. 576 *si nam sîn vlîzeclîche war — mit süezer handelunge.* Part. 11124 *Partonopier der tugende barn — mit wunsche was berâten — in einer kemenâten — mit senfter handelunge.* Part. 14858 *ich half im alsô balde — mit rîcher handelunge.* Iwein 3053 *mit guoter handelunge.*

629. Z. f. d. A. 3 V. 629 (Haupt) *ieman niht* Z. f. d. A. 4, S. 400 *nieman iht.*

630. Dieser Hiatus vor *unde* ist bei K. wohl erlanbt. cfr. Haupt zu Engelh. 716, S. 245.

641. Derselbe Vers, doch meist *alsô* statt *alsus* Pantaleon 617. 1913. Partonop. 2592. 3245. 7430. 8029. Troj. 2551. 3183. 5441. 7171. 15137. 17869. 27903. 29911. 31978. 32091. 37459. 37728. Lied. 14, 29. Schwanr. 833. Ebenso häufig ist der Vers *mit disen dingen unde alsô (alsus).*

650. Troj. 8562 *si vaht mit sorgen unde ranc.* Troj. 8807 *vaht mit sorgen unde ranc.* Troj. 35758 *in sorgen vaht er unde ranc.*

651. *marterlîch* cfr. Haupt zu Engelh. 2140.

654. 654—657 Oberl. Gl. 1749.

657. Pant. 150 *sang er unde las.* Pantal. 1696 *und alle zît sanc unde las.*

658. Troj. 24262 *an sîn gebet er vallen — begunde nider ûf diu knie.*

664. *herz* und *mund* sehr häufig verbunden, meist in dem Verse *mit herzen und mit munde.* Pant. 1901. 2014. Part. 154. 3075. 4373. 9226. 10414. 20301. Troj. 242. 5695 und sonst oft. Schwanr. 673. 735. 1193. Trist. 99. 6478.

665. Trist. 10830 *keines herzen muot.*

666. *biderbe unde guot* Iwein 4812. 4860. 5582. Büchl. I 1225.

669. Diese Stelle wäre den Beisp. für adverbiales *cleine* hinzuzufügen, welche Wolff zu H. B. 80 anführt.

674. Pantal. 1475 *der reine gotes degen.* W. Grimm, Gold. Schm. XLVII Christus wird genannt *der reine degen,* d. i. Kind.

681. Erec 1465 *manegen trahen.*

685. Die Küchenknechte sind die niedrigste und armseligste Klasse von Menschen cfr. die zu Iwein 4923 und von Martin, Quellen u. Forschungen 65, 70 angeführten Stellen.

686. Oberl. Gl. 1605.

687. 687—688 Oberl. Gl. 858.

692. 692—696 Oberl. Gl. 468.

695. Massmann schrieb *alle tac.* Dazu cfr. Haupt zu Engelh. 2239. Silv. 1440 *alle zît und alle frist.*

698. *under ougen* Troj. 14813. 15578. 20434. Partonop. 17385. Lied. 32, 156. A ist ebenso wie 1210 metrisch nicht möglich. Man wird daher gegen *in die ougen* Misstrauen hegen und, da *under ougen* bei K. nicht ungewöhnlich ist und hier von J und S bezeugt wird, von A abweichen müssen.

Z. f. d. A. 4, 400 *spê* oder *spîte.*

702. Ueber diesen Hiatus cfr. zu 630.

703. Derselbe Vers Partonop. 17804. Troj. 15489. Trist. 3391. 4106. Erec 635 *willeclîcher muot.*

706. Oberl. Gl. 562.

Pantal. 944 *der gotes kemphe reine.* Pantal. 1994 *den gotes kemphen lobes wert.*

710. Pantal. 1576 *sîn verch wol reine und wol gesite.*

714. Oberl. Gl. 562.

726. Paul, Mhd. Gr. § 231. Grimm, Gr. IV, S. 329. Bei Beziehung auf mehrere Wörter verschiedenen Geschlechtes wird in der Regel das Neutrum gebraucht.

732. *wunder wilde* Troj. 869. 3742. 14338. 15912. 20701. 21131. 23076. 29508. 30784. 37672. 40240. Schwanr. 285. Gold. Schm. 1704. 710 *ein wildez wunder* cfr. auch Wolff Anz. XIII 243.

736. Herzm. 279 *daz er niht langer möhte leben.*

737. Das einen Temporalsatz einleitende *dô* wird der Regel nach wieder im Hauptsatz durch *dô* aufgenommen.

Troj. 38105 *Und dô der arge sich versach — daz im ze sterbenne geschach.* Trist. 15475 *dô ir ze sprechenne geschach.* Erec 5871 *daz ir ze sterben niene geschach.* Gold. Schm. 168 *dâ von ze sterben uns geschach.* Herzm. 286 *daz ime ze sterbene geschach, —, dô sprach er zuo dem knehte sîn.*

739. *kneht* Jüngling. Engelh. 412 *der kneht vil edel von geburt.*

743. Wahrscheinlich ist dieser Vers mit Auftakt zu lesen. Denn über den Hiatus cfr. zu 630.

752. Partonop. 4764 *mit endelichen buochstaben — solt du betiuten im dâ bî.* Troj. 300 *mit endelicher schrift.*

753. Beisp. für *sîniu dinc* bei Wolff zu H. B. 267.

756. Engelh. 1376 *einen brief, dar an er vant.* Eng. 1380 *daz an dem brieve geschriben was.*

758. Eine Wiederholung des *vil* ist nicht nötig. cfr. Joseph, Klage der Kunst S. 69 ff.

761. Oberl. Gl. 1604. Troj. 24080 *der vil starken winde sûs.*

763. Partonop. 12736 *daz er* (der Wind) *daz schiffelîn enwec — gar über sinen willen treip.*

764. cfr. 778 u. Mhd. Wb. 2, 349 b Bes. annehmbar erscheint mir diese Konjektur auch deswegen, weil sie dem bei K. beliebten Parallelismus entspricht.

768—769. Oberl. Gl. 698.

769. Da *diet* bei K. fem. ist, so muss *hœte* im Sgl. stehen, trotzdem J und A Plural haben; denn K. verbindet nie einen Sgl. des Subjektes mit einem Plural des Verbs. cfr. Haupt zu Engelh. 2730 ff. Auch 1166 hat A hinter einem Subj. im Sgl. das Verb im Plural.

Beispiele für *gelimph, ungelimph* u. *schimph* giebt Wolff 193, 194.

771. Z. f. d. A. 4 *wo wâren dâ.*

772. Z. f. d. A. 4 *sâ* für *gar.*

776. Durch Tilgung von *hoveman* wird die Bemerkung zu Engelh. 1279 zweifelhaft. Es fällt dann auch „das schöne Bedeutungsspiel des Wortes *hoveman*", wie es Massmann S. 24 erkannt zu haben glaubte. Partonop. 2221 *wie dô gewarp der süeze man.*

778. Part. 9886 *sît daz sich des bekêren — der leide tôt wil niemer mê, — daz er sîn reht an mir begê.* Part. 11364 *der grimme tôt vil strenge — welle an im begên sîn reht.*

781. Beisp. für Bildungen mit *nâch — art* bei Wolff zu H. B. 86.

783. Partonop. 11542 *die mîner hende reine — vil undertœnic müezen wesen.*

784. 784—785 Oberl. Gl. 351.

787. *klage* bedeutet nicht, wie heute, das laute Weherufen, sondern „Leid, Not", da ja Alexius nicht laut gejammert hat.

788. Oberl. Gl. 86 (das Haupt irrtümlich zu 790 setzt).

791. Engelh. 4810 *die hete man ûf dem rîse — niht gehoeret noch vernomen.*

793. Beisp. von dreisilbigen klingenden Reimworten mit kurzer Stammsilbe sammelt Wolff zu H. B. 159, 160. Derselbe Reim, wie hier, z. B. noch Part. 2339. 8645. 12445. 13553. 18291. Troj. 10025. 24165. Auch bei Gottfr. Trist. 16711.

796. Die Stellen, wo *ertrîche* bei K. vorkommt, sammelt Wolff zu H. B. 77.

799. Pfeiffer, Germ. XII S. 45 will hier mit S statt *iuch in* schreiben, denn es sei *der lîp* gemeint. Dies ist aber die bekannte Personifikation, welche K. wohl nie durch das folgende Pronomen fortsetzt. Die lat. Quelle hat: Venite ad me omnes, qui laboratis et onerati estis et ego vos reficiam.

801. Pantal. 1067 *von maneger stimme schalle.*

805. Ueber die Form von *lide* cfr. Joseph zu Eng. 2766. Part. 1245 *daz im verzagten alliu lide.* Part. 8819 *sô gar verzagten im diu lider.*

805—807. (Haupt unvollständig) Oberl. Gl. 1795. Troj. 9685 *viel er dâ nider ûf diu knie.*

811. Hartm. Gregor. 3567 *und geruochet iuch erbarmen — über mich vil armen.*

814. Oberl. Gl. 645.

815. Beispiele für die Verbindung von *schaden und ungemach* Anz. XIII S. 248.

817. Part. 19801 *mit lûter stimme schalle.*

818. Den Auftakt durch die volle Form von *und* herzustellen, ist vielleicht nicht ratsam, da K. es liebt, Reden bes. rufende, wenn sie den Vers beginnen, ohne Auftakt zu lassen. Ueberhaupt, glaube ich, darf man in der Herstellung des Auftaktes nicht zu weit gehen. Ich habe mich in dieser Beziehung streng an A gehalten, auch wo Haupt durch Einschiebung eines Wortes den Auftakt hergestellt hat.

820. Ueber solche Versschlüsse bei K. cfr. Lachm. zum Iwein S. 547 (Haupt zu Engelh. 394). Pantal. 893 — *sîn herre Crist — der gotes sun von himel ist.*

821. Beisp. für Zusammensetzungen mit *siten* bei Wolff zu H. B. 96. S. 103.

826. *an dem* in der letzten Senkung. Haupt zu Engelh. 43 cfr. Alex. 1215.

828. Gold. Schm. 1652. *dô Krist die marterunge leit.*

834. Pantal 1180 der *gotes kempfe trûter.* Pantal. 1614 *den got ze kemphen haete erwelt.*

841 *kômen* ist bayrische Form. Joseph zu Engelh. 3697. Wenn Wolff trotzdem H. B. 31 *kômen dar: nâmen war* schreibt, so scheint dies ein Druckfehler zu sein, da er in der Anm. Beispiele für *kâmen* anführt.

842. Oberl. Gl. 670. Zu diesem Beiwort cfr. Einleitung zu W. Grimms Ausg. der Gold. Schm. S. XXVII.

843. Part. 18494 *der von ir tiure wart gemant.* Gregor. 3487 *Dô*

er sô tiure wart gemant. Erec 9494 vil tiure wart ich gemant. Iwein
4862 diu tiure manunge.

845. Trist. 9685 des bâtens' algemeine. Troj. 29575 den bâtens'
algemeine.

853. Partonop. 844 in einem süezen dône — ir stimme erklungen
unde ir lût.

857. Ueber die Apokope in hûs cfr. Haupt zu Engelh. 2493. S. 271.

858. Während K. im allgemeinen die Wiederholung synonymer
Präpositionen zu vermeiden scheint (cfr. Joseph, Klage der Kunst S. 66),
liebt er den Wechsel von sunder und âne cfr. ausser den bei Joseph
l. c. aus Engelh. angeführten Beispielen. Part. 1441 sunder slege und
âne stôz. Part. 8406 sunder mâze und âne zal. Part. 12977 (Engelh.
4575) sunder haz und âne zorn. Part. 13034 sunder vorhte und âne
grûs. Part. 17241. 18420 sunder mâze und âne zil. Part. 18662. 20939
sunder helfe und âne trôst. Lieder 32, 9 sunder ende und âne ursprinc.
Lied. 32, 24 sunder pîn und âne schranz. Troj. 2337 sunder witze
und âne hort. Troj. 8279 sunder wirde und âne prîs. Troj. 12874
sunder stich und âne slac. Troj. 35934 sunder mâze und âne zil, auch
Erec 901 sunder prîs und âne ruom. Sonst fand ich noch den Wechsel
von in und ûf Troj. 17475. 31451. Silv. 511. 736. 1271. 2073. Gold.
Sch. 1037. Part. 17596. 19487. ûf und in Troj. 889. 3963. 11581.
Silv. 1596. Part. 1479. ûf und an Troj. 4561. 12867. 23561. Silv. 1404.
Part. 1947. 4780. 15042. an und ûf Troj. 18719. Part. 2019. 2075.
an und in Troj. 31120. in und an Silv. 1077. Part. 3106. ze und in
Troj. 301. 2883. 7891. Gold. Sch. 1381. bî und mit Troj. 8754. 15382.
30729. ze und ûf Troj. 2092. 14998. von und ûz Troj. 7508. durch
und über Part. 436. von und durch Part. 2839. bî und in Part. 13074.
13503. ze und an Part. 18968.

864—865. Oberl. Gl. 320. (Bei Haupt ein Irrtum in der Seitenzahl.)

867. Lat. Quelle: talem gratiam habebas.

870. 870—871. Oberl. Gl. 214.

873. Troj. 2473. 5591 sô tiure als umb ein cleinez hâr. Greg. 2135.
alse grôz als umbe ein hâr. Erec 7521 niht als grôz als umb ein hâr.
Iwein 7269 alsô grôz als umb ein hâr.

875. Lat. Quelle: Et statim vocavit priorem domus suae.

880. Troj. 15513 gar seltsæn unde wilde. Troj. 27164 daz seltsæn
unde wilde. Troj. 24999 gar seltsæn und gar wilde. Troj. 27626 daz
seltsæn unde wilde. Lied. 12, 9 seltsaen unde wilde.

885—886. Oberl. Gl. 1931.

889. K. gebraucht sowohl die Form selber, wie selbe. Troj. 400
ê tæt ich selber im den tôt. Part. 21584 er selbe in grimmer nôt beleip.

890. Z. f. d. A. 3, S. 562, V. 890 Arcâdîus. Z. f. d. A. 4, S. 400
Arcadîus.

891. Z. f. d. A. 3 *Honorje* (*historje*). Z. f. d. A. 4, S. 400 *Hônorje.*
Doch Reim auf *istôrje.*

892. Gold. Schm. 835 *diu wâre ystôrje.*

895. Z. f. d. A. 3 *maneger.* Z. f. d. A. 4, 400 *manec.*

897. Wiederaufnahme des Subjekts durch das pron. person. bei K.
durchaus gewöhnlich cfr. 244. 645.

898. Part. 8684. Troj. 7730. 20564 *nâch edeles herzen kür.*

899. 899—900 Oberl. Gl. 2028.

908. Beispiele für den Gebrauch von *manecvalt* in seinen ver-
schiedenen Formen bei Wolff zu H. B. 377, S. 167.

912. Part. 7490 *dô wart besunder hin genomen.* Part. 14550 *von ir
besunder wart genomen — hin dan diu schoene Persanîs.* Part. 18194
den werden keiser nam er dô — besunder von den liuten hin. Trist. 9713
die nam ouch er besunder.

922. Derselbe Vers Erec 6223.

925. Pantal. 1434 *dar umbe daz si quelten — vil marterlîche sînen lîp.*

929. Trist. 12089 *siuften, trûren unde klagen.*

935. Ein von K. häufig gebrauchtes Flicksätzchen. Gewöhnlich steht
aber die Form *mê* z. B. Part. 2267. 10612. 11224. 18770. 20403.
Engelh. 1641.

Mit gutem Grunde lässt K. die sich in der lat. Quelle noch findenden
Worte des Knechtes aus: et injurias multas atque molestias a servis tuis
illatas libenter suscipiebat atque sustinebat.

942. Troj. 36524 *vür wâr ich iu daz sagen wil.* Iwein 7455 *und si
iu daz vür wâr geseit.*

943. Iwein 1834 *dô er in dô tôten vant.* ᵗIwein 1314 *wand si muose
tôten sehn — ein den liebesten man.* Iwein 1834 *dô er in dô tôten vant.*

948. 948—949 Oberl. Gl. 312.

949. Beispiele für diese und ähnliche Apostrophen finden sich bei
Wolff zu H. B. 84.

950. *durchliuhtic* z. B. Pant. 714. 1484. Gold. Scb. 8. 1034. 1159.
1461. 1770. 1811. 1895. Part. 781. 845. 874. 2211 und öfter. Partonop.
20704 *durchliuhtec als ein spiegelglas — an êren schein sîn werdiu jugent.*

951. Das eingeschobene *dâ* stammt von Haupt.

952. Wolff zu H. B. 476 führt derartige Zeitbestimmungen mit
stunde an.

959. Pant. 1701 *und er in hete in sîner pfliht.* Partonop. 17948
gar michel was sîn êre — die er hæte in sîner pfliht.

964. Derselbe Vers Part. 3836. Turneis 880. Troj. 25550.

967. Trist. 9389 *got, der wil unser ruochen: — ich wæne, den wir
suochen, — daz wir den haben funden.*

969. Z. A. 4, 400? *ich wæne et den hân funden.* Erec 8526 *uns
daz ich in nû funden hân.*

972. 972—975 Oberl. Gl. 109.

973. Ueber K.'s Vorliebe, zwei parallele und synonyme Ausdrücke mit derselben Partikel anlauten zu lassen cfr. Haupt zu Engelh. 4470.

984. Das von Haupt in den Text Gesetzte ist unmöglich wegen der jüngeren Form *geschrift* und der Steigerung des zweiten Gliedes durch blosse Hinzufügung des Artikels, was wider den Stil K.'s ist. Die ungewöhnliche Betonung *dén brief* (cfr. Hahn, Otto An. 13) zu vermeiden, fand ich kein Mittel. Die Auslassung des Artikels in den Hdsch. ist vielleicht durch das Zusammenstossen von *-ten* und *den* zu erklären.

989. Ueber die Wortstellung cfr. Anm. zu 4. Part. 10782 *si sprach: der alle sache muoz — berihten schône und alliu dinc.*

996. Oberl. Gl. 1315.

998. Engelh. 1379 *Dô er nû allez daz gelas — daz an dem brieve geschriben was.*

1012. S. schiebt ein:

> Ouch hatt der dotte bilgerin
> An der hend ein vingerlin
> Dz wolt er niemā lassen do
> Des wart der babst uil und fro (lies unfro)
> Vnd hies den schriber lesen sa
> Den brieff vor inen allen da.

1013. Den Namen zur Herstellung des Verses mit Haupt in Âétis zu ändern, halte ich für bedenklich, da er in der lat. Quelle und allen drei Hdsch. gleich überliefert ist. Das von mir eingesetzte *der* ist K. eine durchaus geläufige Redeweise. (Haupt zu Engelh. 366.) In A ist die Wiederaufnahme des Substantivs durch den Artikel auch 954 unterblieben.

1015. Part. 18854 *ein michel swîgen dâ geschach.*

1017. *ûf ein ort* sehr häufig z. B. Part. 1593. 1727. 1947. 2443. 4410. 4780. (an) 7891. Troj. 4561. (an) 10535.

1023. Troj. 4267 *der angestbære smerze.*

1024. Beispiele für *geswinden* bei Wolff zu H. B. 451. Engelh. 1980 *daz im von minne niht geswant.* Part. 9242 *von herzen sorgen im geswant.* Part. 10852 *daz im von jâmer dô geswant* und viele ähnliche aus dem Part., wenige aus anderen Werken K.'s.

1025. Oberl. Gl. 1846.

1026—1027. Ob. Gl. 1654. Die Abweichung von A wird der Sinn und folgende Beispiele rechtfertigen: Part. 18425 *vil manic heizer trahen wiel.* Part. 9176 *vil manec heizer trahen.* Part. 9364 *der heize trahen.* Part. 11529 *manegen trahen heiz.* Part. 17518 *er lie manegen trahen heiz.*

1029. Part. 10451 *und roufte bî dem hâre gel -- vil sêre sich und brach daz vel — ab sînen wangen ræselvar.*

1031. Wolff zu H. B. 341 führt alle Subst. auf, zu denen *ungevüege* bei K. tritt.

1033. Part. 15912 *vil sêre und ouch vil harte.*

1035. *sich]* im nach Z. f. d. A. 4, 400.

1036. *von gebürte hôch* und ähnliches belegt bei Wolff zu H. B. 34.

1038. A des Hiatus wegen nicht möglich. Part. 12053 *ich muoz von schulden iemer — in houbetsorgen sîn begraben.* Partonop. 20218 *ich muoz in houbetsorgen tief — hiute und iemer sîn begraben.*

1042. Wolff zu H. B. 112 giebt Belegstellen für *hiute und iemer.* Part. 9256 *owê mir hiute und iemer ach* ebenso Troj. 12114. 38442. Troj. 22586 *owê mir hiute und iemer ach, — daz ich zer welt ie wart geborn!*

1043. Troj. 33962 *daz ich zer welte ie wart geborn.* Trist. 1282 *ach, sprach si, hiute und iemer ach, — owê daz ich ie wart geborn.* Trist. 11700 *owê mir armen! sprach si — owê daz ich zer werlde ie wart geborn!* Iwein 1469 *ouwê daz ich ie wart geborn!* Iwein 3963 *der ie zer werlde wart geborn.* Iwein 4215 *daz ich ie wart geborn.*

1043. Z. f. d. A. 4, 400 *ie wart.*

1044. Im Engelh. ist *herre* zur Anrede des Geliebten verwandt cfr. Joseph zu 2370.

1047. Part. 9392 *sîn bitterlichez trûren.*

1057. Herzm. 188 *dîn vart diu kan mir senken — jâmer in mîns herzen grunt.*

1065. Pantal. 1033 *in sînem bette swach.*

1070—1071 Oberl. Gl. 340.

1074. Part. 1592 *mîne wunden . . . . . — die mir imer reiniu wort — gehouwen habent in daz leben.*

1075. Aehnlich, wie 337 beginnt auch mit diesen Worten häufig ein neuer Abschnitt z. B. Part. 6351. 7135. 14729. 15675. Troj. 33995.

1083. Herzm. 356 *des wart der kneht gereizet — ûf clegelichez ungemach.*

1084—1087 Oberl. diatr. 11 und Gl. 1304.

1085. Bartsch, Part. 18060: Statt *lewe* ist bei K. überall *löuwe* zu schreiben, da er auch nur *vröuwen, dröuwen, ströuwen* sagt.

Troj. 26992 *er ist ein man von blüender jugent, — der sich niht übersprichet — und doch den schaden richet — mit flizeclicher andâht.*

1086. Dazu bemerkt Pfeiffer, Germania XII S. 47 *riet* bedeutet im Mhd. nur Ried, Schilf, was hier nicht gemeint sein kann. J und S lesen übereinstimmend *netz* und dies ist (da mit Oberlin Diatr. S. 11 an *riet* = lat. rete niemand denken wird) ohne allen Zweifel das Richtige; wahrscheinlich stand so auch in der Strassburger Hs. und *rietzebrichet* ist blosser Lesefehler (ri — u) für *netze brichet.*

Obwohl die Uebereinstimmung von O und A lehrt, dass in der

Strassbg. Hs. *riet* gestanden hat, wird man der obigen Vermutung Pfeiffers beistimmen müssen. *riet* in der Bedeutung „Schilfrohr“ bei Konr. Lied 32, 336.

1089—1090 Oberl. Gl. 314.

1090. Beispiele für *engenzen* Haupt zu Engelh. 2601. Engelh. 2601 *mêr danne halp zerschrenzet — und alsô vaste engenzet.* Pantal. 347 *zerteilet und zerschrenzet — und alsô vaste entgenzet.* Pant. 1546 *dâ von sîn verch hin unde her — beginnet sich engenzen — jâ muoz sich dô verschrenzen — sîn fleisch und sîn gebeine.* Part. 18270. 18352. Troj. 3995. 31761.

1091. Die Beispiele für *ze stiure* führt Wolff im Anz. f. d. A. XIII 235 an.

1092. Wolff zu H. B. 48 führt zahlreiche Belege für *gehiure* in all seinen Anwendungen und Bedeutungen an.

1093. Nach Wolff 462 findet sich bes. häufig *leite sînen vlîz* im Partonop. Part. 14579 *ûf jâmer leite sînen vlîz.* Part. 17867 *dar ûf er leite sînen vlîz.*

1094. 1094—1095 Oberl. Gl. 313.

Haupt zu Engelh. 4341.

1095. Nach Pfeiffers Vorgange habe ich *sîdînvalwez hâr* in den Text gesetzt. An den alemannischen Wechsel von l und r wird man hier nicht denken können.

1098. Der Gedanke, dass durch lauten Schmerzensruf das Herz zerbricht, findet sich oft: Gold. Schm. (vom Christus am Kreuz) *unde schrei — daz im sîn herze wart enzwei — gespalten von des tôdes maht.* Part. 17509 *er lie sô jâmerlich geschrei, — sam der grimme tôt enzwei — sîn herze wolte brechen.* Partonop. 20943 *Diz was ir klage und ir geschrei. — von leide möhte in gar enzwei — gespalten sîn daz herze.*

1100. Gregor. 568 *den jungen zuo den alten — sult ir ze hove gebieten.* Troj. 29679 *die jungen zuo den alten.*

1102. Pant. 302 *die blanken hende linde.* Part. 9425 *und want dâ sîne hende.* Part. 9517 *dar inne ich sunder ende — muoz winden mîne hende.* Part. 15550 *si vielt mit jâmer unde want — ir hende lûter unde weich.* Herzm. 518 *ir blanken hende beide.* Schwanr. 1196 *und si begunde winden — ir blanken hende beide.*

1108. Wenn Haupt hier *leides vol* schreibt und dies als i (= Massmann) angiebt, so ist dies ein Irrtum, da Massmann *jâmers vol* hat. Auch S und A haben *jâmers,* trotzdem es in der nächsten Zeile wiederkehrt. cfr. zu solchen Wiederholungen Joseph zu Engelh. 3650.

1110. Part. 8764 . . . *dô stuont über al — daz gesinde ûf hôher baz.* Iwein 5303 *sus muose der leice hôher stân.*

1117. Lat. Quelle: qui suxit ubera mea.

1122. Abgesehen davon, dass K. *vrouwe* stets als sw. f. gebraucht, ist hier *vrouwen* zur Vermeidung des Hiatus nötig.

1125. Part. 8508 *er wart vil sêre enwette — gesträfet unde in widerstrît.* Trist. 16897. 18750 *enwette unde enwiderstrît.* Wolff Anz. XIII S. 237 über *en widerstrît.*

1128—1129.· Oberl. Gl. 46.

1131. Troj. 14984 *sun lieber unde wol getân.*

1133. *lân* mit blossem Accus.

1136. Troj. 8721 *Ich volge ir zweiger râte nâch — und ist mir doch darunder gâch — von ir beider lêre.*

1140. 1140—1141 Oberl. Gl. 665.

Part. 528 *ei waz tuon ich Partonopier — daz ich gewan mîn leben ie?* Troj. 34982 *ach mir ellendem wîbe, — daz ich gewan mîn leben ie!* Trist. 10197 *daz ich mîn leben ie gewan!*

1142. *alsô daz* mit Negation kann man bisweilen am bequemsten mit „ohne“ übersetzen. Eine eingehende Untersuchung würde wohl bestimmte Regeln über die Anwendbarkeit dieser Uebersetzung ergeben.

1165. Oberl. Gl. 698.

1166. cfr. zu 769. Z. f. d. A. 4, 400 zu 1160 *brâhte.*

1170. Part. 16047. Trist. 853 *dar unde dar und aber dar.* Part. 20566 *si sluogen dar und aber dar.* Engelh. 2800 *si sluogen si dar unde dar.* Troj. 9694 *doch sluoc er dar und aber dar.* Troj. 14668 *dô blicte er dar und aber dar.*

1174. Part. 7312 *den werden tugentrîchen — twanc si dâ ze herzen.*

1177. Part. 14914 *si wart als inneclichen frô, — daz ir varwe minneclich — des mâles dicke und ofte sich — verwandelt und verkêrte.* Troj. 4514 *verkêret und verwandelt — wart sîn bilde schiere.*

1180. Ueber *tugenderich* oder *tugentrîch* cfr. Bartsch zu Part. 141.

1183. Beispiele für *hin ze tal* Joseph zu Engelh. 3069.

1186. Z. f. d. A. 4, 400 zu 1180 *ach] ouch* oder *et.*

1192. Schw. 672. 1192 *und grimme klage erscheinde.* Schw. 734 u. g. k. *erscheinen.*

1201. Troj. 10818 *diz wunderlîche wunder.* Trist. 5287 *ze wunderlîchem wunder.* Trist. 15865. 16300 *daz wunderlîche wunder.*

1205. Oberl. Gl. 500.

1206. *über al* nicht etwa lokal, sondern „keinen ausgenommen, alle“.

1207. Troj. 22203 *smæhen haz.* Troj. 18381. Silv. 3062 *smæhen pîn.* Engelh. 5666 *smæhen kumber.*

1214—1217. Oberl. Gl. 858.

1217. Haupt zu Eng. 182.

1224. Arm. Heinr. 621 *die wîle daz er leben sol.*

1226. *daz jâmer* Haupt zu Eng. 5774.

1230. Part. 1846 *und er von sorgen iemer — solte sîn vil unerlôst.*

Part. 2594 *ir herze was von tiefen — sorgen harte wol erlôst.* Troj. 28114 *dur daz von leide würde erlôst — ir herze und ir gemüete dô.*
1235. Greg. 2329 *Dô sîn klage ein ende nam.*
1236. Einige Beispiele für *kam geslichen* bei Wolff zu H. B. 227 ff.
1238. Part. 6282 *sô rehte marterlîche pîn — der hôchgelobte erscheinte.*
1248. 1248—1251 Oberl. Gl. 1842.
1252. Iwein 1654 *daz ich ze vriunde hân erkorn — mîne tôtviendinne.* Das *hân* in A zweifellos durch das danebenstehende veranlasst.
1255. Aehnliche Zusammensetzungen mit *orden* sehr häufig z. B. Part. 1897 *in mîns gelouben orden.* Troj. 4996 *vröud unde liebes orden.* Schw. 1176 *der wârheit orden.*
1265. Part. 2097 *beid offen unde tougen — (diu rede ist âne lougen)* Gottfr. sagt stets *offenlîche und tougen* z. B. Trist. 8117. 11510. 16349. 16557. Auch Erec 9789. Troj. 27729 *beid offen unde tougen — der spiegel sîner ougen.*
1266. Part. 7950 *ir liehten ougen spiegel.* Troj. 2190 *der herzen und der ougen — spiegel sol ich heizen.* Troj. 4673 *der sîner ougen spiegel was.*
1270. S schliesst sich näher an die lat. Quelle an: Nunc ruptum est speculum meum et periit spes mea. a modo coepit dolor, qui finem non habet.
1274. In seiner Ausgabe der Klage der Kunst S. 61—69 behandelt Joseph die Frage nach der Wiederholung der Präposition bei parallelen Satzgliedern und kommt im Gegensatz zu der Bemerkung von Bartsch, Part. 1679 zu dem Resultat, dass es gegen die Gewohnheit K.'s ist, die Präposition in mehrgliedrigen Verbindungen von Substantiven gemeinschaftlich zu setzen. Wie ich es schon in der Anm. zu 858 gethan habe, ist es hier auch nötig, die Fälle auszuscheiden, wo es sich um Wiederholung der Präposition in verschiedenen Versen handelt, da hier der Parallelismus nicht so deutlich erkennbar ist. Obige Behauptung Joseph's, der auch Wolff im Anzeig. d. Z. f. d. A. XIII 233 beistimmt, wäre dann durch folgenden Satz zu modifizieren: „K. wiederholt niemals die Präposition *durch* in demselben Vers, wenn die beiden parallelen Subst. mit dem Artikel versehen sind." Ausser diesem Vers (er ist Germ. XII S. 47 veröffentlicht, was Joseph, wie auch aus S. 53 [cfr. Anm. zu 511] hervorgeht, noch nicht berücksichtigt) und 1334 cfr. Silv. 118 *durch die sælde und den gewin.* Silv. 4451 *durch die vuoge nnd den gelimph.* Part. 1570 *durch disiu dinc und die getât.* Part. 4288 *durch die gâbe und den gewin.* Part. 8893 *durch diu wîp und ir gebot.* Part. 16270 *durch den willen und den sin* (hdsch. *durch den willen und sin*). Part. 16558 *durch die wisen und daz gras.* Part. 19854 *durch den sin und den gedanc.* Troj. 10011 *durch die bluomen und den clê.* Troj. 38680 *dur dise nôt und die geschiht.* Part. 16486 *durch diz mære und disiu wort.* In keinem Werke K.'s habe ich ein Beispiel finden können für eine Wiederholung der

Präposition *durch* in diesem Falle. Es dürfte demnach jeder Aenderungs-
versuch obiger Beispiele zurückzuweisen sein, wenn er die Einführung
eines zweiten *durch* beabsichtigt. Steht dagegen der Artikel nicht, so
ist die Wiederholung der Präposition *durch* notwendig. Das beweisen
uns gerade die Ausnahmen, da hier die Ergänzung des zweiten *durch*
leicht möglich ist durch Verkürzung der vollen Form von *unde* (mit
einer einzigen Ausnahme). Bei obigen Beispielen hätte man dagegen zu
sehr gewagten und gekünstelten Mitteln greifen müssen. Part. 346
durch brâmen unde wildes krût. Part. 4382 *durch vehten unde grimmen
strît.* Part. 5279 *durch gewæfen unde schilt.* Part. 12401 *durch dienest
unde werdekeit.* Part. 18237 *durch warten unde schouwen.* Part. 20476
durch vehten unde strîtes nôt. Troj. 39436 *dur halsberc unde platen.*
Was die anderen Präpositionen betrifft (ausser *zwischen*, das nie wieder-
holt wird) so bin ich zu keinem bestimmten Resultat gekommen. In
den weitaus meisten Fällen, ungefähr 860, findet sich regelmässig
Wiederholung der Präposition ohne Zusatz eines Artikels oder eines
Pronomens. Ungefähr 50 Beispiele bieten Wiederholung der Präposition
und Setzung eines Artikels u. s. w. im 2. Gliede. Wiederholung der
Präposition und des Artikels oder Pronomens findet sich: Eng. 1166.
3955. Troj. 6150. 7715. 12289. 14499. 17830. 18710. 20327. 25817.
30744. 33874. 34421. Schwanr. 5. 295. Silv. 927. 3302. Part. 794.
2851. 3091. 7357. 12477. 16904. 17124. 19352. 20777. Nic. 257. Die
Frage, ob uns diese Beispiele zur Aenderung der unten angeführten be-
rechtigen, ohne dass andere Gründe uns dazu veranlassen, oder ob wir
schwankenden Gebrauch K.'s annehmen müssen, wage ich nicht zu ent-
scheiden. Troj. 2647 *vür alle witze und alles guot.* Troj. 11745 *bî den
schiffen und dem mer* (das Joseph mit Zustimmung von Wolff Anz. f. d. A.
XIII 241 ändert in *an dem mer*). Troj. 12719 *von mir und aller mîner schar.*
Troj. 20775 *für alles guot und allen hort.* Troj. 24515 *vür sich und
alle sîne schar.* Troj. 24605 *ûf den willen und den muot.* Gold. Sch.
193 *vür den balsem und den bisem.* Part. 111 *ûf edele dœne und
edeliu wort.* Part. 393 *von im und dem gesinde* (Joseph will ein zweites
von einschieben). Part. 3265 *ûf die vînde und ir gesez.* Part. 4448 *ûf
den wân und den geheiz.* Part. 8958 *ûf den trôst und den gewin.*
Engelh. 5660 Hdsch. *vor dem lîbe und dem guote.* Engelh. 1166. Hdsch.
in ir siten und ir art (von Joseph ein *an* eingeschoben).

    1276. Troj. 38124 *sines herzen trût.*

    1280. Engelh. 1648 *swen an zwein lieben dingen — daz ungelücke
widervert — daz er des einen wirt verhert.* Troj. 34979 *nû bin ich
armiu dîn verhert.*

    1285. Die Umänderung von *leides* in *liebes* wird der Sinn recht-
fertigen. Veranlasst mag der Irrtum sein durch das wiederholentliche
Vorkommen von *leides* in den vorhergehenden Versen (1249, 1255, 1279).

1286. Der nach Grimm Gr. IV S. 202 unmöglichen Ellipse des verbum auxiliare vorzubeugen, sehe ich kein Mittel.

1288. Part. 7976 *den ich ûz aller diete — mir ze friunde hete erkorn?*
1290. Gold. Sch. 990 *diu werlt gemeine.* Trist. 7819 *aller der werlt gemeiner.* Trist. 11836 *al diu werlt gemeine.*

S schiebt nach 1290 ein:

> Nū schöwē ander fröwen
> Do si wolte schöwē
> Den dottē herrē sin zehand
> Jr gemachel vingerlin sÿ vant
> Jn der reinen hende sin
> Owe sprach si diss vingerlin
> Dz gab ich nū in der selben zitt
> Do er uil gar ane allen nid
> Mir dz aller beste riett
> Vnd er sich von mir schied
> Mit disem wortē vū alsus
> Dett uff die hand allexius
> Vnd lies das vingerlin ira do
> Dz hûb si uff enbor uil ho
> Ach herre min uil liebes drutt
> Wie hastu mich din arme brut
> Ze dem andren mal uff geben
> Nun sol ich niemer me geleben
> Mit fröden alle mine tage
> Wann in iamer vū iu clage.

1293. Part. 6354 *durch sînen werden süezen neven — wurden liehtiu ougen rôt.*

1297. Gold. Schm. 1388 *beide junc und alt.* Aehnliches sehr häufig.

1298. Pant. 1578 *mit rîcher koste lône.*

1299. Erec 6312 *diu wart vil schiere bereit — dar ûf wart dô geleit — Erec.*

1301. Lat. Quelle: in mediam civitatem.

1309. Dieser Satz *ân allen spot* hielt sich noch sehr lange, z. B. in Volksliedern (Uhland I 56).

1322. Pantal. 309 *blinden unde lamen.*

1325. Greg. 3779 *sicen dâ beruorte, — dâ man in hin fuorte.* Der Einzug des Gregorius in Rom bietet viel Aehnlichkeit mit dieser Stelle. Dieser Vers wäre den von Wolff zu H. B. 52 angeführten Belegen für *beruoren* hinzuzufügen.

1328. Herzm. 332 *fröide und ein wunneclichez leben.* Iwein 7781 *dô hern Îweine wart gegebn — kraft unde gesundes lebn.*

S schiebt ein:

> Des wurdent si von herczen fro
> Die gloggen alle sament do
> Mit gar uil grossem schalle
> Sich selber lutent alle
> Wie es ioch was der stille fritag
> Fur was ich das sagen mag
> Vil manig zeichen da geschach
> Als mir die hystorie verach.

1331. Dieser Vers beweist wiederum die Synkope des e in *gnuoc*.

1334. Pant. 186 *des wart ir heil und ir gewin*. Greg. 1140 *durch mines heiles gewin*.

1339. Ueber diesen Reim von *ë* und *e* cfr. Haupt zu Engelh. 1611 und Weinhold, Al. Gr. § 15 u. Anz. XIX S. 155.

1342. Part. 422 *waz touc nu mêr ze sagenne*?

1346. Troj. 1716 *dô wart in allen harte nôt, — daz si gedrungen für den gast*.

1348. Part. 15412 *er und die sine in widerstrit — drungen durch der heiden schar*.

1351. A löst somit die Frage, ob mit Haupt *sicher* oder mit Lachmann Z. f. d. A. 4, 400 *sider* zu schreiben ist.

1353. Greg. 3767 *einen gotlichen ruom*.

1354. *tuom* bischöfliche Kirche.

1355. *lop* und *pris* eine sehr häufige Zusammenstellung z. B. Pantal. 363. 1097. 1909. Gold. Sch. 647. 867. Troj. 9302. Auch Gottfr. Trist. 11205 *lop unde pris*. Trist. 16211 *pris unde lop und êre*. Iwein 3751 *den lop unde den pris*. Arm. Heinr. 72 *alsus kund er gewinnen — der werlte lop unde pris*.

1357. So mit Pfeiffer wohl besser als — *mit sange beide und mit gebete*, da K. die Allitteration liebt. Haupt zu Eng. 3465.

1364. *ganz* stehendes Beiwort zu *werdekeit* z. B. Part. 14369. 14483. 17081. 18729. 20286. Turnei 226. Troj. 4809. 8325. 8649. 10285. 10831. 10678. 28798. 31410. 32083. 36001.

1367. *des herbstes mânen* in 2 Worten statt des zusammengesetzten *des herbest mânetes*.

1370. Gold. Sch. 1844 *und edellichen smac enpfie — von diner tugende würzen*.

1380. Die abweichende Lesart von J und S vielleicht daraus zu erklären, dass die Schreiber von J und S die adverbielle Formel *von schulden* nicht verstanden und das *von* als abhängig von *fri* auffassten.

1385. *triuwe* bei K. stark. Daher hier Plural.

1388—1412. Oberl. diatr. 11.

1389. Part. 2946 *mir ist von iu sô rehte wol — geschehen.*

1393. Troj. 28129 *gern unde willeclichen dan.* Troj. 25017 *gern unde willeclîche.* Eng. 5759 *gern und willeclichen.* Schw. 863 *gern und willeclichen dâ.*

1398. Beisp. für *flîzec sîn* bei Wolff 207.

1399. Partonop. 1884 *daz mîn wille mohte niht — werden ûf ein ende brâht.* Part. 6006 *dô wart von im sîn valscher list — vil gâhes ûf ein ende brâht.* Part. 18715 *mit worten ûf ein ende brâht.* Z. f. d. A. 4, 400 *zeim ende.*

1402. Arm. Heinr. 1304 *und müeste ich iemer sælic wesen.*

1403. Derselbe Vers Part. 2039. Die Zusammenstellung von *lîb* und *sêle* sehr häüfig, z. B. Gold. Sch. 969. Part. 1221. 1302. Auch Trist. 14908. 19547. Arm. Heinr. 682. 735. 671. G. Sch. 1339 *an der sêle dort.*

1405. Troj. 10296 *dekeiner wunne rât.*